Reinhold Köhler

Herders Cid und seine französische Quelle

Reinhold Köhler

Herders Cid und seine französische Quelle

ISBN/EAN: 9783743634244

Hergestellt in Europa, USA, Kanada, Australien, Japan

Cover: Foto ©Andreas Hilbeck / pixelio.de

Weitere Bücher finden Sie auf **www.hansebooks.com**

Herders Cid

und seine französische Quelle.

Von

Reinhold Köhler.

Leipzig,
Verlag von F. C. W. Vogel.
1867.

Meinem Freunde

Peter Cornelius

in München

dem Dichter und Componisten der Oper
„Der Cid".

Herders Cid galt bisher als eine Schöpfung des deutschen Dichters, welche auf einer selbständigen, von fremdem Einfluß durchaus unabhängigen freien Benutzung spanischer Romanzen beruhe.* Man sah die Auswahl der benutzten spanischen Romanzen, die Bearbeitung und Umdichtung derselben mit allen Aenderungen, Weglassungen und Hinzudichtungen als volles Eigentum Herders an. Man hat daher öfters, bald lobend, bald tadelnd, den deutschen Geist des Herderschen Cid hervorgehoben. So tadelt der französische Litterarhistoriker Villemain (Cours de littérature française, Paris 1830, II, 97 und 112) an Herder, daß er die Einfachheit der spanischen Romanzen durch sein 'faux coloris germanique' zerstört und eine 'élégance germanique du XVIIIème siècle' beigemischt habe, und sagt in Bezug auf den Eingang der 62. Herderschen Romanze: 'Voilà bien les petits soins de sensibilité bourgeoise, que les poètes allemands aiment à retracer.' L. Clarus (Darstellung der spanischen Literatur im Mittelalter, Mainz 1846, I, 147 f.) theilt dies Urtheil Villemains mit als Bestätigung seiner eigenen Ansicht, „daß die Herderschen Compositionen das nationale Costüm meistens ganz verleugnen und sich in bequemen deutschen Hauskleidern vor uns zeigen" und „daß Herder beflissen gewesen sei, das Gepräge des castilianischen National-

---

* Eingehend und sorgfältig hat Heinrich Düntzer (Herders Cid. Erläutert von H. Düntzer. Wenigen-Jena 1860) die Herderschen Romanzen mit den spanischen Cid-Romanzen, soweit sie in A. Kellers Romancero del Cid ihm vorlagen, verglichen. Man vgl. auch Mönnich, Herders Cid und die spanischen Cidromanzen, Tübingen 1851 (Programm des evangelisch-theologischen Seminars zu Urach), und Eduard Riemeyer, Ueber Herders Cid, Crefeld 1857.

charakters schöner zu verwischen, um der Betrachtungs= und Empfin=
dungsweise ein deutsches Colorit aufzulegen." Gervinus (Geschichte
d. deutschen Dichtung, 1. Ausg. IV, 474 f.; 4. Ausg. IV, 435 f.) findet, daß
an den spanischen Cid=Romanzen Vieles Herdern 'eingeladen' habe, ' von
dem Seinigen dazu zu geben, die scharfen Kanten der oft dürren spani=
schen Romanzen mit deutschem Gemüthe abzuschleifen und der Empfin=
dung mehr Bahn zu machen.' Vilmar (Geschichte der deutschen National=
Literatur, 11. Aufl. S. 456) sagt von Herders 'Umdichtung' des 'spanischen
Cid': 'Immer wird Herders Cid unter den edelsten poetischen Schöpfungen
unserer Nation genannt werden, und genauere Uebertragungen werden
uns allerdings das Original näher bringen, oder haben es uns viel=
mehr schon näher gebracht, aber keine wird die deutsche Dichterkraft
an diesem Stoffe in solchem Grade bethätigen, wie es Herder gethan
hat.' Karl Gödeke (Elf Bücher deutscher Dichtung I, 705) sagt:
'Die Romanzen vom Cid, die Herder zuerst nach Deutschland führte,
reihte er wie ein Diaskeuast zusammen und gab von ihnen eine ab=
rundende Form, welche die Sagen noch gegenwärtig am schönsten als
Ganzes heraustreten läßt; daß dabei der spanische Nationalcharakter
häufig zu Gunsten deutscher f. g. Gemüthlichkeit verwischt wird,
kann weder geleugnet, noch als Vorwurf gedeutet werden, da Herders
Dichtung die eines Deutschen über Spaniens glänzendsten Helden,
nicht die Nachahmung spanischer Sitten und Manieren sein wollte.'
Adolf Ebert in seinem schönen Aufsatz über 'Literarische Wechsel=
wirkungen Spaniens und Deutschlands' in der deutschen Vierteljahrs=
Schrift 1857, Heft 2, nennt (S. 97) den Herderschen Cid eine 'Be=
arbeitung' der spanischen Romanzen 'im Geiste der modernen Kunst
und im Sinne eines deutschen Publikums', und bemerkt noch (S. 98),
daß Herder doch 'bei aller Verdeutschung mit dem ihm angeborenen
und in seinen Völkerstimmen schon bewährten Takte den nationalen
und volksthümlichen Grundcharakter der spanischen Romanzen nicht
zerstört habe'. Ludwig Lemcke (Blätter für literarische Unterhaltung
1857, S. 71) hebt hervor, daß Herder bei der Bearbeitung der Cid=
Romanzen 'den ästhetischen Ansichten seiner Zeit und den moralischen
seines Jahrhunderts Rechnung getragen habe', und 'daß er dabei überall
das Rechte getroffen, beweise der Umstand, daß das deutsche Publikum

Herders Cid schon durch diesen Namen zu einem Nationalwerk gestempelt habe.'

Betonten die bisher mitgetheilten Stimmen, die sich noch vermehren lassen, im allgemeinen die **Deutschheit** des Herderschen Cid, so haben andere noch im besonderen auf das in ihm hervorleuchtende **Herdersche Humanitätsideal** hingewiesen. Laube (Geschichte der deutschen Literatur, Stuttgart 1839, II, 241) sagt: 'Das Gedicht hat darin noch einen besondern Reiz des **Herderschen Hauptes**, daß der Cid, obwohl in früher Ritterzeit und nur für die derben Thaten und Interessen eines Lehensritters lebend, doch das sanfte **Herz einer Humanität** unter dem Eisen trägt, wie sie als Herders Ideal überall verlangt wird.' Aehnlich spricht sich Heinrich Kurz (Geschichte der deutschen Literatur III, 309) aus: '**Den Herderschen Geist** erkennen wir darin, daß er den Cid **als den Träger seiner eigenen hohen Idee der Humanität** darstellt; und vielleicht hat er gerade darin am meisten poetisches Talent entfaltet, weil es ihm in anerkennenswerther Weise gelingt, ohne den Charakter der Zeit oder des Helden im Mindesten zu verletzen.' Und Joh. Wilh. Schäfer (Geschichte der deutschen Literatur des achtzehnten Jahrhunderts III, 81) sagt: 'Was sich von **Herders Individualität** beimischt, das **Vorwalten des ethischen Humanismus**, hat die sittliche Wärme der Dichtung gehoben und auf meist glückliche Weise das romantische Element mit der deutschen Gemüthsanschauung vermittelt.' Endlich meint Heinrich Düntzer (Herders Cid S. 73) sogar, daß Herder in der Darstellung der Ximene, 'zu welcher er so manche Züge aus seiner eigenen Liebe habe hernehmen können', seiner Gattin, 'die ihm eine so liebevolle Stütze und ein unerschöpflicher, ihm stets neuen Muth einhauchender Trost während seines an Mühen und bittern Leiden so reichen Lebens geworden war, ein Denkmal gesetzt habe.'

Dem allen stellt sich nun folgende überraschende Thatsache gegenüber: Herders Cid ist zum **allergrößten Theil** — d. h. mit Ausnahme von 14 Romanzen* — nichts andres als eine halb

---

* nemlich der Romanzen LIV—LXI, LXIV—LXVI und LXVIII—LXX. Vgl. über diese Romanzen unten S. 15.

mehr, bald weniger treue metrische Ueberſetzung einer
franzöſiſchen Proſabearbeitung der ſpaniſchen Cid=Ro=
manzen, welche ein ungenannter Mitarbeiter der Biblio-
thèque universelle des Romans im 2. Juli=Bande des
Jahrgangs 1783 dieſer Zeitſchrift veröffentlicht hat.

Dieſe merkwürdige Entdeckung habe ich keineswegs ſelbſt gemacht,
vielmehr habe ich ſie in dem neuen Werk 'La Légende du Cid,
comprenant le Poëme du Cid, les Chroniques et les Romances.
Traduction d'Emmanuel de Saint-Albin' (Tome I. II. Paris 1866)
ausgeſprochen gefunden. In einer Anmerkung nemlich (Tome II, p.
9 ff.) zu der Cid=Romanze, welche der erſten Herderſchen zu Grund
liegt, ſagt Saint=Albin, nachdem er Sismondis*, Villemains und un=
ſeres H. Kurz Urtheile über Herders Cid neben einander geſtellt hat:

'Je n'oserais affirmer que Herder ne connût point les romances
espagnols, mais je puis bien dire, et des témoignages érudits con-
firment cette opinion, que Herder est beaucoup moins Allemand
en réalité qu'il ne paraît l'être dans l'affirmation de M. Villemain
et dans les explications de M. Kurz, car ses romances sont la
traduction souvent presque littérale d'une imitation française des
romances espagnols, publiée en 1783 dans la Bibliothèque uni-
verselle des Romans. Ainsi, point 'd'exactitude scrupuleuse', ni
'de faux coloris germanique', ni de 'représentation d'une extrême
fidélité de l'esprit du peuple et du temps, toute pleine cependant
d'esprit allemand': Herder a mis en vers allemands, de même
mesure, il est vrai, que les vers espagnols, mais qui n'ont pas
avec eux d'autre rapport, une imitation française — belle infi-
dèle, comme on les faisait jadis, — qui se permet entre autres
licences de donner en français des romances qu'on ne connut ja-
mais en espagnol.'

Hierauf gibt Saint=Albin zur Probe die erſte Herderſche Romanze
in wörtlicher Ueberſetzung und das franzöſiſche Original der Biblio-
thèque des Romans, ſowie ebenſo in einer ſpätern Anmerkung S. 272 ff.
die 67. Herderſche Romanze.

---

* Vgl. über Sismondis Meinung unten S. 8.

Diese Mittheilungen Saint-Albins waren es zunächst, die mich veranlaßten, die französische Cid-Bearbeitung näher zu untersuchen und mit dem Herder'schen Cid sorgfältig zu vergleichen. Wie weiteres Nachsuchen mich belehrte, ist übrigens auch Saint-Albin nicht der erste, der Herders Abhängigkeit von der Bibliothèque des Romans ausgesprochen hat, vielmehr hat dies schon im Jahr 1844 ein anderer gelehrter Franzose gethan, und es ist nur zu verwundern, wie diese somit vor mehr als 20 Jahren gemachte Entdeckung in Deutschland so ganz unbekannt oder wenigstens unbeachtet hat bleiben können.

Damas Hinard sagt in der Einleitung zu seinem 'Romancero général ou recueil des chants populaires de l'Espagne' (Paris 1844), T. I, p. LXVII ff.:

'C'est le Romancero particulier du Cid qui a le premier attiré l'attention des traducteurs; et, naturellement, c'est en France, — dans la patrie de Corneille, — qu'il a été d'abord traduit. Cette traduction, ou pour me servir d'une expression plus exacte, cette imitation parut vers la fin du siècle dernier dans quelques volumes de la Bibliothèque des romans.* Elle est spirituelle, vive, élégante, et révèle une plume habile. Malheureusement l'écrivain anonyme de la Bibliothèque des romans ne possédait pas à un degré suffisant la connaissance et le sentiment du moyen âge espagnol, et d'un bout à l'autre de son oeuvre il a singulièrement travesti les romances.** Puis, de ce non content, aux romances

---
* Voyez les vol. de la Bibl. des romans des années 1782, 1783 et 1784 [Wie weiter unten genauer angeführt werden wird, ist im Jahrgang 1782 eine Romanze im voraus erschienen und im Jahrg. 1784 die Geschichte der Töchter des Cids bearbeitet.]

** Ainsi dans une Romance le poète populaire dit en termes très-simples que voulant repousser une incursion des Mores, les Cid monta promptement à cheval. L'écrivain de la Bibliothèque des romans dit : 'Rodrigue a monté sur son cheval comme le très-haut sur un orage'. Dans la comparaison de Rodrigue avec le très-haut il y a d'abord une grande irrévérence. Puis vous figurez-vous le tres-haut à cheval sur un orage!... [Herder: Auf sein Roß, es hieß Babieça, stieg er, wie hoch in den Wolken Gott auf seinen Donnerwagen.] Ailleurs, la Romance espagnole raconte comme quoi les ambassadeurs du roi de Perse, étant venus présenter les compliments de leur souverain à notre héros, furent fort étonnés en voyant la richesse du palais du Cid; et, en effet, après la conquête de Valence, le Cid était peut-être le particulier le plus riche de l'Europe. L'écrivain de la Bibliothèque des romans dit que les ambassadeurs 'ne revenaient pas de leur

ainsi imitées, il en a ajouté plusieurs de son invention personnelle, * dont la fausseté doit révolter — ou divertir — tous ceux qui connaissent un peu les idées et les mœurs de l'Espagne à son moyen âge. **

En insérant son travail dans la collection de la Bibliothèque des romans, le spirituel écrivain annonçait bien qu'il ne regardait pas les chants populaires de l'Espagne comme autant de petits monuments historiques; mais il n'est plus permis aujourd'hui de prendre de pareilles libertés à l'égard même des ouvrages de pure imagination.

A la suite de l'imitation française, d'autres imitations du Romancero du Cid ont été publiées en Allemagne, en Italie, en Angleterre. La première en date et la plus célèbre est celle du fameux Herder. M. de Sismondi l'a beaucoup vantée. Parlant des romances du Cid, dans son bel ouvrage 'De la littérature du midi de l'Europe', l'illustre critique s'exprime en ces termes: „Un poète philosophe allemand, Herder, les a recueillies il y a peu d'années; et il les a traduites en vers de même mesure, avec cette exactitude scrupuleuse que les Allemands apportent

---

surprise en voyant une si grande pauvreté.' [Herber: noch mehr erstaunet über seine schlichte Sitten, über sein einfaches Haus.] C'est un ressouvenir de l'histoire romaine. On aura trouvé piquant de faire du Cid un nouveau Cincinnatus. Mais cela n'est pas vrai .... Ailleurs, dans une Romance où le poète nous montre le Cid dormant sa sieste, l'écrivain de la Bibliothèque des romans nous fait voir Chimène brodant à ses côtés, et ajoute, pour compléter le tableau, que 'du doigt elle recommandait à ses filles de respecter le sommeil de leur père' [Herber: Ihnen winkte mit dem Finger Sie, des Vaters süßen Schlummer nicht zu stören.] Cela ne rappelle-t-il pas un peu trop les peintures mignardes et coquettes du XVIIIᵉ siècle?

* Es sind die Romanzen XII, XIII, XIV, XXVII, XL bei Herber.

** Je citerai notamment deux Romances qui rapportent une prétendue conversation du Cid et du roi Ferdinand sur le mariage, et dans lesquelles Rodrigue, en galant chevalier, dit au roi que 'quand une femme manque à ses devoirs, c'est son mari qu'il en faut accuser.' Je ne conteste point la justesse de cette maxime, qui devait être fort agréable aux belles dames du XVIIIᵉ siècle; mais en Espagne au moyen âge on n'était pas si avancé. Voyez plutôt dans le Fuero Juzgo et dans les Partidas comment le législateur punissait chez la femme mariée le manquement à la foi conjugale.

dans leurs traductions" etc.* Nous n'avons pas le droit et, nous ne saurions avoir la prétention de discuter le mérite littéraire de l'oeuvre de Herder; mais l'exactitude scrupuleuse que M. de Sismondi lui attribue est au moins fort contestable. Herder a donné plusieurs romances, telles que les romances 3, 11, 12, 13 et 14 de son recueil,** dont les originaux espagnols n'existent pas. Ces romances, — le dirons-nous? — sont tout simplement imitées de l'imitation de la Bibliothèque des romans, d'après laquelle Herder, nous en avons la certitude, a fait son travail.'

Sehen wir uns nun, nachdem wir gehört haben, was Saint-Albin und Damas Hinard darüber sagen, die französische Cid-Bearbeitung selbst etwas näher an.

Der unbekannte Verfasser, welcher schon einige Monate vorher in der Bibliothèque des Romans (1782, Décembre, S. 37 ff.) in einer Anmerkung zu einer von ihm bearbeiteten spanischen Novelle des Cid gedacht und dabei eine Cid-Romanze (Nr. 85 bei Keller, 835 bei Duran) in Uebersetzung oder vielmehr Bearbeitung mitgetheilt hatte, will seine Cid-Bearbeitung als hauptsächlich aus der bekannten Escobarschen Sammlung geschöpft angesehen wissen und hat deshalb in Original, freilich mit Fehlern, und Uebersetzung den Titel dieser Sammlung nach der ihm vorliegenden Ausgabe an die Spitze seiner Arbeit gestellt:

---

* In der zweiten Ausgabe (Paris 1819, Tome III, p. 171) berichtigt Sismondi seinen Irrtum wenigstens in etwas. Er gesteht: 'Ce n'est que long-temps après l'impression de cet ouvrage que j'ai pu me procurer toutes les romances du Cid en espagnol. Je me suis aperçu alors que la traduction de Herder n'était pas toujours exacte, et qu'il supprimait les traits plus barbares de l'original.' Auch Johannes von Müller begieng in seiner dem Herderschen Cid vorausgeschickten 'historischen Einleitung' denselben Irrtum wie Sismondi, indem er von 'den von Herder mit eigenthümlicher Innigkeit und Vergegenwärtigung übersetzten Romanzen' sprach. Dagegen erklärten schon Recensionen im Freymüthigen 1806, Nr. 22 (wiederabgedruckt in Maria Carolina von Herders Erinnerungen aus dem Leben Herders II, 253 ff.) und in den Göttinger gelehrten Anzeigen 1806, Stück 116, den Herderschen Cid für keine Uebersetzung der spanischen Romanzen, sondern für eine freie Bearbeitung.

** Zu III und XI finden sich allerdings spanische Originale, die frei benutzt sind; nemlich die Romanzen 4 und 5 bei Keller, 728 und 729 bei Duran zu III und die Romanze 44 bei Keller, 774 bei Duran zu XI.

[pag. 3] Bibliothèque universelle des Romans.
Juillet 1783, II⁰ Vol.
Première Classe.
Romans étrangers.

ROMANCERO y Historia del muy valeroso Cavallero Don Rodrigo de Bivar, el bravo Cid Campeador. En lenguage antigo; recopilado por Juan de Escobar:
L'HISTOIRE en Romances du très-valeureux Chevalier Don Rodrigue de Bivar, le fier Cid Campéador. En vieux langage, compilée par Jean de Escobar. Madrid, in-12, très-étroit et sans date.*

Und in der That, Escobars Romancero ist die Hauptquelle für den Mitarbeiter der Romanbibliothek gewesen: bei weitem die meisten spanischen Romanzen, die er benutzt haben muß, finden sich bei Escobar. Er gibt aber selbst noch eine andere Quelle an, indem er in der Einleitung (S. 10) sagt:

'L'Histoire du Cid a fourni d'autres Ouvrages, d'abord plusieurs Romanceros outre celui-ci (nemlich dem Escobars); il y en a un intitulé: Tesoro escondido etc. par François Melge: ce Trésor est bien moins ample que le nôtre; mais on y a rassemblé des Romances que nous intercalerons de temps en temps parce qu'elles nous manquent.'

Der vollständige Titel der hier gemeinten Sammlung lautet: 'Tesoro escondido de todos los mas famosos Romances, assi, antiguos, como modernos, del Cid. En los quales se descrive gran parte de su vida: y se cuentan las mas señaladas hazañas que el hizo. Y al principio de cada Romance va escrito breve-

---

* Dazu die Anmerkung: 'Mais une des Approbations est datée de 1688; la taxe du Livre et la vérification de la copie, deux pièces de formalités inusitées en France, portent la date de 1695; et l'on est averti, par une note placée à la fin, que cette édition a été augmentée de plusieurs morceaux: ce qui semble indiquer plus d'une édition entre les deux dates, et ce que nous remarquons à cause que le Livre n'est pas commun.' Soviel wir jetzt wissen, erschien Escobars Romancero zuerst 1612 und ist besonders im 17. Jahrhundert sehr oft wieder gedruckt worden, s. Duran, Romancero general II, 682. F. Wolf, Studien zur Geschichte der spanischen und portugiesischen Nationalliteratur S. 360 f. und Brunet, Manuel du Libraire II, 1055 f.

mente lo que en el se trata. Recopilados nuevamente con mucha diligencia por Francisco Meige. — Va a la fin en seys Romances la historia de los siete Infantes de Lara. En Barcelona. Por Sebastian de Cormellas. 1626.' 12⁰*

Folgende neun Romanzen dieses Tesoro,** welche nicht in Escobars Romancero, wol aber — bis auf die letzte — auch im Romancero general stehen, und daher bei Depping, Duran und Keller Aufnahme gefunden haben, sind es, welche der Franzose benutzt hat: Consolando al noble viejo (Keller 5, Duran 729), Domingo por la mañana (Keller 17, Duran 741), A su palacio de Búrgos (Keller 16, Duran 740), Espántame, mi Rodrigo (Keller 24, Duran 747), Fincad ende mas sesudo (Keller 65, Duran 813), Del rey Alfonso se queja (Keller 71, Duran 821), De palacio sale el Cid (Keller 72, Duran 822), El vasallo desleale (Keller 95, Duran 846) und Banderas antiguas tristes, welche letztere nicht im Romancero general stehende und daher auch bei Depping, Duran und Keller fehlende ich im Anhang mittheilen werde.

Außer Escobars und Meiges ausschließlich dem Cid gewidmeten Sammlungen muß aber der französische Anonymus auch noch den Romancero general und Miguel de Madrigals Segunda parte del romancero general (Valladolid 1605) gekannt haben. Er hat nemlich die Romanzen A la postrimera hora (Keller 144, Duran 898), Escuchó el rey Don Alfonso (Keller 75, Duran 825), Fablando estaba en celada (Keller 85, Duran 835), De vuestra honra el crisol (Keller 89, Duran 839) und Por la mano prende el Cid (Keller 91, Duran 841) benutzt, von welchen Romanzen nach

---

* Ein Exemplar des Tesoro escondido findet sich auf der K. Bibliothek in Paris, aus welchem mir mein Freund Emile Délerot in Paris die gewünschten Mittheilungen gemacht hat. F. Wolf, Studien S. 362, und Duran II, 687 erklären diese Sammlung nie gesehen zu haben. Beide geben, gleich Brunet im Manuel, den Namen des Herausgebers: Metge; Dieze in seiner Uebersetzung von Velazquez Geschichte der Spanischen Dichtkunst S. 445 und Depping, Romancero castellano I, p. LXII: Metje; unter Anonymus: Meige. Nur Sismondi, De la littérature du midi de l'Europe, 2de éd., III, 168 hat richtig: Meige.

** Im Anhange zu diesen Blättern wird der Leser die Anfänge der im Tesoro enthaltenen Cid-Romanzen finden.

Durans Angaben die erste nur im Romancero general, die vier andern nur in Madrigals Sammlung sich finden.

Daß der französische Bearbeiter nun keine einzige spanische Romanze ganz, sondern stets nur zum Theil wirklich übersetzt, daß er an jeder derselben Aenderungen, Weglassungen, Zusätze vorgenommen, daß er öfters mehrere zusammengeschmolzen, daß er endlich einige ganze Romanzen hinzugedichtet hat, davon sagt er uns in seiner Einleitung kein Wort. Dagegen äußert er im Beginn derselben mit Hinblick auf Corneilles Cid, daß in seinen Romanzen der ächte Cid des elften Jahrhunderts erscheine.* Einigemal hat er im Text der Romanzen spanische Verszeilen** beigefügt, welche ziemlich treu wiedergegeben sind und somit den der Originalromanzen unkundigen Leser zu dem Glauben veranlassen können, als sei auch alles übrige wirklich Uebersetzung. Freilich zeigt andrerseits die Vergleichung der in der Einleitung S. 26 ff. französisch gegebenen Romanzen vom Grafen Claros und 'Rosa fresca, rosa fresca' mit den in einer Anmerkung S. 166 ff. stehenden Originalen jedem, wie frei der Verfasser mit den letzteren geschaltet hat.

Ein Beitrag im Neuen Teutschen Merkur von 1792 war es,

---

* Der Anfang der Einleitung mag hier stehen: 'Parmi tous les Romans d'Histoire que nous a fournis la Littérature Espagnole, et ceux qu'elle peut nous fournir encore, celui-ci (le Romancero del Cid) mérite une attention plus particulière par bien des raisons: la célébrité du Héros, la singularité de la forme, l'intérêt des vieilles moeurs, celui de la vérité, et le mérite d'une éloquence naturelle, précise, noble et guerrière dont ce Livre est rempli.
Tout le monde connoît le Cid par son nom. La Tragédie de Corneille diffère de notre Roman par les points qui forçoient le Poète à ne prendre qu'une part de la matière, une seule action sur mille; et c'est le Héros du Théâtre qu'on a vu. Ici c'est le Héros du onzième siècle, qui parle comme il dut parler, qui se montre tel qu'il fut; et, comme nous ne sommes pas engagés aux mêmes devoirs que le Poète, nous nous garderons de ramener à nos bienséances des faits et des discours qui ne choquoient apparemment point les bienséances de ce temps-là.'

** P. 128 fügt er zu den Worten: 'Frère, dit le Cid, votre capuchon est mis de travers' (Herder XLI: Cid sprach: Bruder, Eure Kutte steht Euch schief) die spanischen: 'Mirad como esta al reves la vuesso [lies: vuesa] cogulla puesta', mit der Bemerkung 'Il y a un mot pareil qui fut dit à la Fontaine.' Ich weiß nicht wo diese spanischen Worte herrühren; in der Romanze (Keller 68, Duran 818), die übrigens vom Franzosen benutzt ist, heißt es: ¿Fraile honrado, ó vos agora la vuesa cogulla puesta?

durch welchen Herder auf die französische Cid=Bearbeitung aufmerksam gemacht wurde; ihm verdankt unsere Literatur 'Herders Cid.' Im Februar=Heft des bezeichneten Jahrganges jener Zeitschrift (S. 199 ff.) theilt nemlich ein S. unterzeichneter Mitarbeiter unter dem Titel 'Romantische Geschichte des Cid' eine treue prosaische Uebersetzung der neun ersten französischen Cid=Romanzen mit.* In dem vorausge= schickten kurzen 'Vorbericht' sagt er nach einigen Bemerkungen über die Person des Cid, der nicht bloß in einer 'unendlichen Menge von Romanzen, in altkastilianischer Sprache', sondern auch in einem be= sondern Gedicht des Don Diego Ximenes de Aillon (1569) besungen sei, noch folgendes:

'Unstreitig machen die alten Romanzen oder heroischen Volks= lieder der Kastilianer den schönsten und interessantesten Theil ihrer poetischen Litteratur aus, — und es wäre sehr zu wünschen, daß ein Dichter, vom Geiste der Herderschen Volkslieder angeweht, uns mit einer poetischen Uebersetzung der sämtlichen Romanzen, welche den Cid und seine Chimene zum Gegenstand haben, beschenken möchte, in welcher so wenig als möglich von der sublimen Einfalt, geistvollen Energie, und herzstehlenden Naivität, Zartheit und Wärme der Ori= ginale verloren gienge. Bis dahin mögen gegenwärtige unvollkommene Schattenrisse wenigstens zur Rechtfertigung meines Wunsches dienen! Sie sind nach einem Auszuge kopiert, welchen einer der geschicktesten Mitarbeiter an der französischen Bibliothèque Universelle des Ro- mans im Julius des Jahres 1783 aus einer Sammlung gezogen hat, die unter dem Titel, Romancera (sic!) Historia del muy vale- roso Don Rodrigo de Bivar, el bravo Cid Campeador, recopilado por Juan de Escobar, im vorigen Jahrhundert, ohne Jahrzahl, in kleinem Format und Druck zu Madrid herausgekommen ist.'

Es versteht sich von selbst, daß Herder eine Zeitschrift von der

---

* Die Kenntnis dieses für die Entstehungsgeschichte des Herderschen Cid so wichtigen Beitrage des Teutschen Merkur verdanke ich Jördens Lexikon teutscher Dichter und Prosaisten II, 371. Jördens führt gern bei einzelnen Dichtungen andere, frühere oder spätere Behandlungen desselben Stoffes an und so citiert er bei Herders Cid 'die romantische Geschichte des Cid, im Neuen Teutschen Merkur 1792, Februar, S. 199—215', ohne jedoch die eigentliche Bedeutung dieses Citats zu ahnen.

Bedeutung des Merkur, zu der er selbst (1781) Beiträge geliefert hatte, regelmäßig gelesen hat, und so wird ihm auch die 'Romantische Geschichte des Cid' bald bekannt geworden sein und ihn veranlaßt haben, sie in der Bibliothèque des Romans nachzulesen. Bis dahin scheint er von spanischen Romanzen nur die Historia de las guerras civiles de Granada (von Perez de Hita) und den Cancionero de Romances, Anvers 1568,* welche Werke er in seinen 'Volksliedern' (1778 und 1779) mehrfach anführt, also im besonderen von den Cid-Romanzen nur die wenigen — etwa ein Dutzend — im Cancionero stehenden gekannt zu haben. Die nun zu seiner Kenntnis gekommene französische Bearbeitung der Cid-Romanzen muß ihn also doppelt interessiert haben. Im März 1793 fragte er in einem Brief an Heyne (Von und an Herder II, 221) bei diesem an, ob die Göttinger Bibliothek 'El Romancero y historia del muy valeroso Cavallero Rodrigo de Bivar, el bravo Cid campeador, kurz Cids Spanische Geschichte in Romanzen' besitze. Es ist dies der Titel der Escobarschen Sammlung, wie er in der Romanbibliothek steht, nur daß Herder den Artikel vor 'Romancero' hinzugefügt hat. Herder wollte also das von dem Franzosen vornehmlich benutzte Original selbst kennen lernen. Heyne konnte ihm aber seinen Wunsch nicht erfüllen, da die Göttinger Bibliothek Escobars Romancero nicht besaß.** Sei es, daß der Mangel des Escobar ihn zunächst abhielt, oder daß andre Arbeiten ihm keine Lust und Zeit ließen, es vergiengen fast zehn Jahre, bis er an die Ausarbeitung

---

* Letzteren benutzte er, wie er an Gleim schreibt, in dem Exemplar der Weimarischen Bibliothek (Von und an Herder I, 51).
** Am 17. Juni 1803 schrieb Heyne an Herder (Von und an Herder II, 236): 'Alles, was wir [von spanischen Romanzen] haben, ist Ihnen schon bekannt: Romancero general. Madrid 1604. Romancero par Alonso de Ledesma. Romancero de Sepulveda. Cancionero de Romances, Anvers.' Von Ledesmas Romancero besitzt die Göttinger Bibliothek die Ausgabe: Madrid 1615, von Sepúlvedas Romances die: Anvers 1551, vom Cancionero de Romances die 1555. Wahrscheinlich hat Herder diese Sammlungen von Göttingen gehabt. Bestimmt wissen wir nur, daß Heyne ihm am 18. März 1793 'Romances, Anvers 1550', womit wol der 'Cancionero' gemeint und wobei die Jahreszahl 1555 verdruckt ist, geschickt, und daß Herder am 23. März 1795 schrieb: 'Das Büchelchen Spanischer Romanzen müssen Sie mir noch hier lassen.' (Von und an Herder II, 228.)

des Cid kam. Inzwischen hatte er ihn nicht aus den Augen ver=
loren. Im Jahre 1797 schreibt er an Knebel: 'Erkundigen Sie sich
doch in Nürnberg und Ansbach nach spanischen Romanzen. O wenn
Sie mir ein paar solche kleine Cancionero's, wie sie dort auf den
Gassen verkauft werden, mitbringen oder schicken könnten! Insonder=
heit vom valeroso Cid, Conde de Bivar' (Knebels litterarischer Nachlaß
II, 271). Auch hier zeigt sich der Wunsch, Escobars Romancero
kennen zu lernen, aber Knebel konnte ihn nicht befriedigen. Im Winter
1802 endlich bis zum Frühling 1803 schrieb Herder seinen Cid.*
Daß er sich vorher dazu noch irgend woher den Escobar verschafft
habe, davon haben wir keine Nachricht, und es zwingt uns auch durch=
aus nichts anzunehmen, daß er ihn vor Augen gehabt haben müsse.
Denn die äußerst wenigen Fälle, in welchen er — wie wir weiter
unten nachweisen werden — neben der französischen Vorlage die
spanischen Romanzen benutzt hat, beziehen sich, wie wir sehen werden,
nicht auf Romanzen, die einzig bei Escobar zu finden sind, und den
vierzehn Romanzen, welche er ohne französische Vorlage direct nach
spanischen bearbeitet hat, liegen nur Romanzen zu Grunde, die in
Sepúlvedas Sammlung oder im Cancionero de romances oder im
Romancero general stehen.**

Kannte Herder also Escobars Romancero, das Original der fran=
zösischen Bearbeitung, nicht, so konnte er natürlich nicht wissen, wie
frei und selbständig der Franzose verfahren ist, und ihn für viel treuer

---

* Maria Carolina von Herder, Erinnerungen aus dem Leben Herders
II, 217: Den Cid übersetzte er im Winter 1802—1803, und diese Arbeit
half ihm den damaligen trüben, schweren Winter durch; eine glückliche Er-
hebung, von welcher seine ganze Seele erfüllt war. Das. 316: Im Winter
1802 bis Frühling 1803 waren die Adrastea und Cid seine Geisteserholung.

** Es mag hier zu den 14 Romanzen nachgewiesen werden, woher Herder
die spanische Grundlage genommen, mit Beifügung der Nr. der betreffenden
Romanzen bei Keller und bei Duran. LIV: Sepúlveda (Keller 97, Duran
848), LV: Sepúlveda (Keller 98, Duran 849), LVI—LXI: Sepúlveda
(Keller 127, 132, 137, Duran 882, 886, 890),[Cancionero de Romances (Keller
109, Duran 861). LXIV: Sepúlveda (Keller 139, Duran 893). LXV und
LXVI: Sepúlveda (Keller 140, Duran 892), Romancero general (Keller
143, Duran 897). LXVIII: Sepúlveda (Keller 146, Duran 901). LXIX:
Sepúlveda (Keller 148, Duran 903). LXX: Sepúlveda (Duran 907, bei
Keller fehlend), nicht aber Escobar (Keller 151, Duran 906), wie Dünzer
irrtümlich annimmt, weil er Duran nicht benutzt hat und also die nur bei
diesem stehende Romanze 907 nicht kannte.

und abhängiger halten, als er wirklich erscheint. So wird es begreiflich, daß Herder in Ermangelung des vergeblich gesuchten Originals die französische Bearbeitung, die er vielmehr für eine Uebersetzung hielt, übersetzte.

Die französischen Romanzen sind in drei Abtheilungen getheilt, mit den Ueberschriften: 'Histoire du Cid, sous le règne de Ferdinand', 'Histoire du Cid, sous le règne de Don Sanche le Fort, depuis 1065 jusqu'à 1073', 'Histoire du Cid, sous le règne d'Alfonse VI le Brave.' Die einzelnen Romanzen sind durch Absätze und Striche als solche gekennzeichnet, aber nicht numeriert; einige haben noch besondere Ueberschriften, z. B. 'Les quatre Romances fameuses appellées Zamoranes', 'La romance des dépêches du Cid.'

Herder hat sämmtliche französische Romanzen ebenfalls als einzelne Romanzen* und genau in derselben Reihenfolge übersetzt, nur daß er jene schon mehr erwähnten vierzehn Romanzen (LIV—LXI, LXIV—LXVI, LXVIII—LXX) eingeschoben, bezüglich hinzugefügt hat.** Er hat vier Abtheilungen gemacht: 'Der Cid unter Ferdinand dem Großen', 'Der Cid unter Don Sancho dem Starken', 'Der Cid unter Alfonso, dem Sechsten, dem Tapfern' und 'Der Cid zu Valencia und im Tod.'

Was nun die Art betrifft, wie Herder das französische Original übersetzt hat, so war ängstliche Treue bei der metrischen Form der Uebersetzung nicht überall möglich und lag überhaupt — nach seinen anderen Uebersetzungen zu urtheilen — nicht in Herders Art und Absicht. Wo es sich ohne Zwang gleichsam von selbst machte, hat er wörtlich treu übersetzt, sonst aber freier. Er hat sich gelegentlich Weglassungen, Umstellungen, kleine Zusätze und sonstige, aber nie bedeu=

---

* Die Romanzen XXXIV und XXXV bilden im französischen Text nur eine, ebenso XLIX und L.

** Von diesen beziehen sich LVI—LXI auf die Geschichte der Töchter des Cids und der Grafen von Carrion. Der Franzose erwähnt am Schluß seiner Bearbeitung diese Geschichte, die er 'ihrer geringen Wahrscheinlichkeit und tödtlichen Länge wegen' weggelassen habe. Jedoch hat er sich später eines andern besonnen und im zweiten October-Band des J. 1784 der Bibliothèque des Romans auch diese Partie der Cid-Romanzen in seiner Weise bearbeitet. Herder wußte dies offenbar nicht, weil in jener Mittheilung des Teutschen Merkur auf diese Fortsetzung der Cid-Bearbeitung nicht hingewiesen war.

tende Aenderungen gestattet. Nicht selten hat er das Original ver=
schönert und Sprache und Gedanken poetischer gemacht, zuweilen aber
ist er auch hinter dem Original zurückgeblieben, und was im Fran=
zösischen in Ausdruck und Gedanken klar ist, ist es nicht immer bei
ihm, ja mehrmals hat er das Französische geradezu falsch übersetzt
und sich wunderliche Misverständnisse zu Schulden kommen lassen.
Und wenn im allgemeinen aus den Herderschen Versen uns der
spanische Romanzenton mehr entgegenklingt, als aus der französischen
Prosa, so dürfen wir doch nicht übersehen, daß in Einzelheiten die
letztere die benutzten Romanzen häufig treuer wiedergibt.

Doch der Leser urtheile selbst. Deshalb möge eine Anzahl
ganzer Herderscher Romanzen mit Beifügung des französischen Ori=
ginals folgen.

1.

Trauernd tief saß Don Diego,
Wohl war keiner je so traurig;
Gramvoll dacht' er Tag' und Nächte
Nur an seines Hauses Schmach.

An die Schmach des edlen alten
Tapfern Hauses der von Laineź,
Das die Iniges an Ruhme,
Die Abarkes übertraf.

Tief gekränket, schwach vor Alter,
Fühlt er nahe sich dem Grabe,
Da indeß sein Feind Don Gormaz
Ohne Gegner triumphirt.

Sonder Schlaf und sonder Speise,
Schläget er die Augen nieder,
Tritt nicht über seine Schwelle,
Spricht mit seinen Freunden nicht,

Höret nicht der Freunde Zuspruch,
Wenn sie kommen ihn zu trösten;
Denn der Athem des Entehrten,
Glaubt er, schände seinen Freund.

Endlich schüttelt er die Bürde
Los des grausam=stummen Grames,
Lässet kommen seine Söhne,
Aber spricht zu ihnen nicht;

Bindet ihrer aller Hände
Ernst und vest mit starken Banden;
Alle, Thränen in den Augen,
Flehen um Barmherzigkeit.

Fast schon ist er ohne Hoffnung,
Als der jüngste seiner Söhne,
Don Rodrigo, seinem Muthe
Freud' und Hoffnung wiedergab.

Mit entflammten Tiegeraugen
Tritt er von dem Vater rückwärts;
„Vater," spricht er, „Ihr vergesset,
Wer Ihr seid und wer ich bin."

„Hätt' ich nicht aus Euren Händen
Meine Waffenwehr empfangen,
Ahndet' ich mit einem Dolche
Die mir jetzt gebotne Schmach."

Strömend flossen Freudenthränen
Auf die väterlichen Wangen;
„Du," sprach er, den Sohn umarmend,
„Du, Rodrigo, bist mein Sohn."

„Rache giebt dein Zorn mir wieder;
Meine Schmerzen heilt dein Unmuth!
Gegen mich nicht, deinen Vater,
Gegen unsres Hauses Feind,"

„Hebe sich dein Arm!" „Wo ist er?"
Rief Rodrigo, „wer entehret
Unser Haus?" Er ließ dem Vater
Kaum, es zu erzählen, Zeit.

Original (S. 36 ff.): Jamais homme ne fut plus triste que
l'étoit Don Diègue. Jour et nuit il ne faisoit que penser à la

honte de sa Maison. La Maison de Laignez étoit riche, noble, antique; passant celle de Iguigos et des Abarca. Il voit que sa force ne suffit plus à ses ressentimens généreux; que sa vieillesse l'entraîne au tombeau sans vengeance; et que l'ennemi Gormaz se pavane sous le ciel, sans que personne ose lui barrer son chemin. Il ne peut dormir, ni manger, ni lever les yeux de la terre, ni passer le seuil de sa maison, ni porter la parole à ses amis. Il refuse la parole à ses amis qui le consoleroient, et il craint que l'haleine d'un homme déshonoré ne les déshonore.

Enfin, Don Diègue secoua la charge de tant d'idées cruelles, et fit venir ses fils. Il ne leur fit pas entendre un mot; il leur prit seulement les mains à tous, et les leur serra de forts liens qu'ils souffrirent, quoiqu' avec des larmes ils lui demandassent miséricorde.

L'espérance qu'il avoit conçue s'écouloit de sa pensée, lorsque, venant pour lier aussi Rodrigue, le plus jeune de tous, il trouva ce qu'il n'avoit pas espéré. Le jeune Rodrigue, avec des yeux embrasés de colère, pareils à ceux d'un tigre, recule avec souplesse, et dit au Vieillard avec fierté: 'Vous oubliez que vous m'avez fait Gentilhomme; je me souviens que c'est vous qui m'avez fait. Sans cela, cette main que vous voyez tendue me serviroit de poignard pour aller chercher au fond de vos entrailles la réparation de cette injure.'

Des larmes de joie coulèrent alors des yeux du Vieillard: 'Bien, mon fils, dit-il; c'est toi qui es mon fils: ta colère me redonne la paix, et ton indignation charme toutes mes douleurs. Cette main, mon enfant, il te la faut montrer, non plus à moi, mais à l'infame qui nous a dépouillés de notre honneur.' 'Où est-il?' Ce fut toute la réponse de Rodrigue; et il ne donna pas le temps à son père de lui raconter son aventure.

Dem Franzosen hat die spanische Romanze 'Cuidando Diego Lainez' (Keller 2, Duran 725) als Grundlage gedient, aber nur wenige Zeilen sind wirklich übersetzt, das meiste ist frei bearbeitet. Davon daß die Söhne mit Thränen in den Augen um Barmherzig-

flehen, steht nichts im Spanischen. Auch die Worte Rodrigos 'Vous oubliez que vous m'avez fait Gentilhomme,' die Diegos 'C'est toi qui es mon fils' und Rodrigos Frage 'Ou est-il?' kommen dort nicht vor, und überhaupt ist der Schluß der spanischen Romanze ganz verschieden. Herder ist seiner französischen Vorlage Schritt für Schritt gefolgt, bald wörtlich übersetzend, bald freier wiedergebend. Rodrigos Zornworte 'Sans cela cette main — de cette injure,' welchen die spanischen Verse:

> Antes con la mano mesma
> Vos sacára las entrañas,
> Faciendo lugar el dedo
> En vez de puñal ó daga —

zu Grunde liegen, hat Herder mildern zu müssen geglaubt. Wenn er die Worte 'Il refuse la parole à ses amis qui le consoleroient', welche den spanischen Versen:

> Nin fablar con sus amigos,
> Antes les niega la fabla —

entsprechen, übersetzt hat 'Höret nicht' ꝛc., so ist das keine Besserung, da das Hören zu dem folgenden Grund 'Denn der Athem' ꝛc. weit weniger paßt.

VIII.

Eingefallen in Castiljen
Waren Könige der Mauren
Fünf. Verwüstung, Lärm und Feuer,
Mord und Tod zog ihnen vor.

Ueber Burgos schon hinüber,
Montes d'Oca, Belforado,*)
San Domingo und Najara
Steht verheeret alles Land.

---

*) So ist zu bessern. Belforabo, wie hier und in der 15. Romanze schon der erste Druck in der Adrastea hat, ist offenbar ein Lese- oder Schreibfehler Herders.

Weggetrieben werden Heerden,
Schafe, Christen, Christenkinder,
Männer; Weiber, Knaben, Mädchen;
Jene weinen, diese fragen:
'Mutter, wohin ziehen wir?'

Ruhmreich sammlen schon die Mauren
Ihren Raub, zurückzukehren;
Denn niemand begegnet ihnen,
Niemand, auch der König nicht.

Zu Bivar auf seinem Schlosse
Hörte diese Noth Rodrigo;
Noch war er nicht zwanzig Jahre,
Doch an Muth war er ein Mann.

Auf sein Roß, es hieß Babieça,
Stieg er, wie hoch in den Wolken
Gott auf seinen Donnerwagen,
Und durchrannte rings das Land.

Die Vasallen seines Vaters
Bot er auf; sie waren alle
Angelangt zu Montes d'Oca
Und erwarten ihren Feind.

Guter Himmel! von den Mauren
Zog fortan nicht Einer weiter —
Aber die geraubten Heerden,
Männer, Weiber, Christenkinder
Alle ziehen ihres Weges
Froh und frei. Die fünf gefangnen
Mohrenkönige — dem König
Don Fernando schickt Rodrigo
Die Gefangnen zum Geschenk.

Original (S. 50 f.): Cinq Rois Arabes sont entrés dans la Castille, entrés avec fracas, portant l'alarme, le feu, le fer, la mort partout. Ils ont passé au-travers de Bourgos et de Montes-doca, Belforado, Saint-Domingno, Naxara, Lagroño: tout le Pays est misérablement dévasté. Ils emmènent les troupeaux qui bêlent, chassés devant eux; et les Chrétiens, hommes et femmes qui pleurent, petits garçons et petites filles qui demandent où ils vont.

Les Maures s'en retournent dans leurs payennes de terres, joyeux, glorieux et chargés de richesses, parce qu'il n'est sorti personne sur leur chemin, et que le Roi n'est pas sorti pour les arrêter.

Rodrigue étoit dans son Château de Bivar, lorsqu'il apprit la grande algarade. Rodrigue étoit un Guerrier du plus jeune âge; il n'avoit pas accompli ses vingt ans: Rodrigue a monté sur son cheval Babieça, comme le Très-Haut sur un orage; il a couru sur toute sa Terre, et rassemblé tous les Vassaux de son père. Rodrigue se trouva à Montesdoca, lorsque les Maures y repassèrent. Bénédiction du Ciel! pas un ne passa plus loin. Rodrigue leur reprit les troupeaux, les hommes, les enfans, les richesses, et cinq de leurs Rois dont il fit présent à sa mère.

Die Leser werden zugeben, daß Herder sich außerordentlich treu an den französischen Text, welchem die frei benutzte Romanze 'Reyes moros en Castilla' (Keller 13, Duran 737) zu Grunde liegt, gehalten; nur am Schluß hat er sich die Aenderung erlaubt, daß der Cid die fünf Maurenkönige dem König Fernando zum Geschenk macht, was keineswegs zur 10. Romanze paßt, wo doch der Cid dieselben verschenkten Könige frei läßt, nachdem sie ihm Vasallenpflicht geschworen. In der spanischen Romanze verschenkt der Cid auch nicht eigentlich die Könige an seine Mutter, er übergibt sie ihr nur.

>Los Reyes trajera presos
>A Vivar, el su castillo;
>Entrególos á su madre,
>Ella los ha recibido;
>Soltólos de la prision,
>Vasallaje han conocido.

XII.

In dem blüh'nden Ostermonat,
Da die Erde neu sich kleidet,

Da die weiß=behaarte Mutter
Sich wie eine Fee verwandelt
In die schönste junge Nymphe;
Da lustwandelte der König
Von Castiljen, Don Fernando,
Er mit seinem ganzen Hofe,
Vor Burgos im schönen Thal.

Und von seinem ganzen Hofe
Nahm er keinen als Rodrigo
Hin zu einer Silberquelle,
Glänzend schöner als Krystall;
Mit ihm sprach er an der Quelle;
Aller Augen sahn ihn sprechen,
Aber keines Ohr vernahm,
Was zu Cid der König sprach.

Dies sprach er: „Ich lieb' Euch, Ritter,
Jung seid Ihr und brav und tapfer,
Aber noch nicht welterfahren,
Und am wenigsten versteht Ihr
Euch aufs weibliche Geschlecht."

„Alle wollen sie regieren,
Und regieren denn auch wirklich;
Leider Wir sind nur ihr Werkzeug;
Unsre männlichsten Gedanken
Oft zerstörte sie — ein Weib."

„Gleich als hätte Gott zuletzt noch
In sein schönes Haus, die Schöpfung,
Deshalb nur die Frau geführt,
Daß durch sie und für sie Alles,
Alles je geschehen sollte,
Sonder Schein, daß sie es thut."

„Junger Mann, die Frauen kennen
Ist Dir nützlich; dieses Wissen
Uebersteiget jedes andre;
Doch zu weithin — forsche nicht."

„Dir sonst könnt' es auch so gehen
Wie dort jenem alten Weisen;

Weil er ihn nicht fassen konnte,
Stürzet er sich in den Schlund."

„Das Geheimniß ist — der Weiber
Macht auf unsre Männerherzen.
Dies Geheimniß steckt in ihnen
Tief verborgen, Gott dem Herren,
Glaub' ich, selber unerforschlich.
Wenn an jenem großen Tage
Der einst aufsucht alle Fehle,
Gott der Weiber Herzen sichtet,
Findet er entweder alle
Sträflich oder gleich unschuldig;
So verflochten ist ihr Herz."

„Ungeheur ist die Entfernung
Zwischen einem Mann und Mädchen,
Und durchaus zum Vortheil Dieser,
Junger Mann, weißt Du warum?"

„Darum! Männer gehen vorwärts;
Und das Weib — es sieht sie kommen.
Er veranschlagt; Sie begegnet
Seinen Planen — weißt Du wie?"

„Sieh dort jenen leichten Vogel,
Der von Zweig zu Zweige hüpfet,
Necken wird er lang den Jäger,
Der ihm folget Schritt vor Schritt."

„Vor dem Angesicht des Eigners
Wird er seine schönsten Früchte
Naschen, weil er ohne Waffen
Ihn da vor sich stehen sieht;
Und was haben gegen Weiber
Wir, die Männer, wohl für Waffen?
Deßhalb dann regieren sie."

„Und hiebei ist keine Ausnahm';
Jede gleicht hierinn der Andern.
Junger Mann, der Weisheit Regel
Räth, sich zu vermählen — nie."

Also sprach zu Cid der König,
Der dadurch ihn prüfen wollte;
Hört, was Er antwortete.

Original (S. 57 ff.): Au temps de la Pâque fleurie, où la terre sourit avec sa robe renouvellée de verdure, comme une Fée, toute-à-l'heure vieille et en cheveux blancs, qui redevient une jeune Nymphe joyeuse et brillante, le Roi Ferdinand de Castille se promenoit avec toute sa Cour dans les vallées, autour de Bourgos. De toute sa Cour il ne prit que le Cid pour lui parler au bord d'une fontaine plus nette que le crystal, à la vue de tout le monde, mais de sorte que personne n'entendît.

Le Roi Ferdinand dit au Cid: „Vous êtes vaillant, et je vous aime: mais vous êtes jeune; vous ne savez rien encore de ce monde, et vous ignorez ce que c'est que les femmes.

Elles veulent régner toutes, et règnent véritablement sur l'Univers; les hommes ne sont que les instrumens de leur empire. C'est en vain que nous élevons de grandes pensées; elles les feront évanouir si elles leur déplaisent. Il semble que le Dieu Créateur ait introduit la femme dans son bel ouvrage, afin que tout s'y fît pour elle et par elle, quoiqu'elle ne dût jamais paroître qu'avec l'air de rien.

Il est utile, jeune homme, d'étudier la science des femmes; c'est une science qui déconcerte toutes les autres: mais je ne vous conseillerois pas de porter trop loin votre curiosité. Cette science a son principe caché dans des abymes, et pourroit vous mener, comme un certain Philosophe, à reconnoître quelques effets, et à vous précipiter au fond du gouffre, de désespoir de n'avoir pu rien expliquer.

La force de femmes sur nous, c'est le secret. Leur secret est cloué dans le fond de leurs entrailles, où je ne crois pas que l'oeil de Dieu puisse le découvrir; de sorte qu'en ce jour redoutable, où tout le monde se verra représenter toutes ses fautes, il pourra bien avoir la mortification de les savoir toutes coupables, et, par défaut de preuves, de les reconnoître toutes pour innocentes.

La distance est prodigieuse de l'esprit du plus habile homme,
à celui d'une jeune fille; et l'avantage est pour elle. Voici
pourquoi: c'est que l'homme va toujours en avant, et que la
femme regarde venir; que l'homme suit ses idées, et que la
femme met toutes les siennes en rapport avec celles de l'homme;
que l'un raisonne, et que l'autre élude, Rodrigue: et voyez-vous
cet oiseau qui se balance sur la branche du buisson? il menera
son chasseur de buissons en buissons, se jouera de toute son
attention, et becquetera le blé du pauvre homme sous ses yeux,
sans que jamais la présence de l'ennemi désarmé l'empêche de
faire toutes ses petites affaires. Et quelle est l'arme de l'homme
vis-à-vis de la femme? J'ajoute qu'elles ressemblent toutes comme
un oeuf ressemble à un autre oeuf, et que c'est une règle de
la sagesse que de ne point épouser."

Ainsi parla le Roi Ferdinand de Castille pour éprouver le
vaillant Cid Ruy Diaz de Bivar.

Diese Romanze ist von dem Franzosen rein erfunden, ohne jegliche spanische Grundlage, und darum galt bisher die deutsche Romanze als volles Eigentum Herders.

XIII.

An dem Rand der Silberquelle,
Als der König ausgesprochen,
Nahm der Cid also das Wort:

„Freilich bin ich jung, o König,
Für die Regeln alter Weisheit;
Aber, das Gesetz der Ehre
Zu verstehen, nicht zu jung."

„Denn aus gutem Blut erzeuget,
Und genährt in guter Schule,
Spricht die Ehre mir: „Erhalten
Muß ein Edler sein Geschlecht;"

„Muß dem Vaterlande dienen,
Muß in Rath und That dem Herren

Hold und treu sein und gewärtig,
Muß ihm beistehn, mit Gewicht."

„Dazu also einen Namen,
Einen hohen Baum sich pflanzen,
In deß Schatten auch der Fremde
Ruh' und Schutz und Rettung sucht."

„Muß der Kirche, muß dem Staate
Kinder geben, die ihm gleichen;
Dies ist mein Gesetz der Ehre,
Das Vermählung mir gebeut."

„Wer das heilge Band der Ehe
Flieht, o König, der verläugnet
Feige, wie ein Ueberläufer,
Väter und Religion."

„Er zerreißt den Baum der Ehre,
Trennt das Band, das ihn an Menschen,
Das an sein Geschlecht ihn knüpfet,
Und an andere Geschlechter;
Dafür wird er hart gestraft."

„Den entlaufenen Verächter
Straft Verachtung aller Edlen;
Jedermann erscheint er nutzlos
Und unwürdig seines Stammes. —"

„Was das Regiment der Frauen
Anbetrifft, o großer König,
So ist meine Meinung dies:"

„Sie regieren wie die Diener
Ueber fehlerhafte Herren.
Wer zur Decke seiner Mängel
Ihrer nicht vonnöthen hat,
Gegen eine Welt von Feinden
Ist er stark, und stehet sicher.
Sonderlich im Punkt der Ehre
Gab kein Weib dem Mann Gesetze,
Durft' auch nie ihm solche geben;
Das Vergnügen ist ihr Feld."

„Und da mögen sie regieren.
Sie verstehn darauf sich besser,
Besser dünkt mich als die Männer —
Dies ist meine Meinung, Herr."

„Und was anlangt ihre Gleichheit,
Unterwerf' ich mich der Meinung
Meines Lehnherrn. Alle taugen
Nicht, sobald der Mann nicht taugt."

„Also nehm' ich's gegen Alle
Auf, zu Roß und auch zu Fuße;
Nur behaupt' ich, jedes Weibes
Fehler ist des Mannes Schuld."

„Eine Bitte noch, o König,
Vor dem Ende des Gespräches:
Zur Vermählung mit Ximenen,
Waise jetzt des Grafen Gormaz,
Bitt' aus königlicher Gnade
Ich um die Bewilligung."

An dem Rand der Silberquelle
Gingen jetzt sie auseinander,
Don Fernando und der Cid.

Original (S. 60 ff.): Sur le bord de la fontaine, où le Roi venoit de parler, le Cid répondit:
'Il est vrai, Sire, que je suis jeune pour comprendre les règles de la sagesse; mais je ne le suis pas trop pour bien interpréter celles de l'honneur. Je suis né d'un bon sang et nourri en bonne école. C'est une règle de l'honneur que de soutenir sa maison; que de s'attacher à sa Patrie; que d'acquerir un droit et du poids pour aider son Seigneur dans ses Conseils; que de se faire un grand nom qui protège, comme l'ombre d'un grand arbre, tous ceux qui s'y rangent; et que de donner des Sujets à sa Religion et à son Roi: il me semble, Sire, que pour remplir cette règle de l'honneur, il faut épouser.
Celui qui fuit le saint lien du mariage déserte nécessairement

de sa Religion, de sa Patrie; brise le froin de l'honneur, et le lien qui le faisoit tenir à la famille des hommes. Il en est puni par le mépris qu'on fait de sa désertion et de son inutilité. Les femmes sacrifient tout à l'empire. Il faut bien que j'en convienne: mais, Sire, elles ne règnent que comme des Valets sur des Maîtres, toujours vicieux, quand ils s'en laissent gouverner. Celui qui n'a point de vice qui lui fasse un besoin d'aide mercenaire et de secret, est fort contre tout le monde. Jamais femme ne régna sur un homme bien entier dans son honneur, que par l'article du plaisir; et il faut le lui abandonner, car elle sait mieux gouverner le plaisir qu'un homme ne le peut faire.

Je vous accorde, Sire, que les oeufs se ressemblent; et c'est un point sur lequel mon devoir de Vassal m'oblige à déférer. Toutes les femmes sont mauvaises: mais chaque femme est bonne, si son époux est homme. A pied et à cheval, contre tous, je soutiendrai que, quand une femme manque, c'est son époux qu'il faut accuser.

Et partant, Sire, je vous prie, si c'est votre plaisir royal, de me faire épouser la Chimène orpheline du Comte de Gormaz.'

Après cet entretien, le Roi et le Cid s'en allèrent des bords fleuris de la fontaine.

Von dieser Romanze gilt dasselbe, was zu XII. zu bemerken war.

XVI.

Vom Altar und aus der Kirche
Zog die Hochzeitfeier prächtig;
Don Rodrigo und Ximene.
Stattlich an Ximenens Seite
Ging der König, der Vermählten
Vormund; an Rodrigos Seite
Ging der fromme gute Bischof;
Dann der Herren langer Zug.

Wohl durch einen Ehrenbogen
Ging der Zug hin zum Palaste.
Ausgehängt aus allen Fenstern

Hingen goldgestickt Tapeten,
Und den Boden deckten Zweige,
Frische Kräuter, Rosmarin.

Auf den Straßen, auf den Gassen
Längs hinan bis zum Palaste
Tönet in getrennten Chören,
Unter Saitenspiel und Cymbeln,
Glückwunsch, Freud' und Lustgesang.

Alvar Fannez (unter allen
Freunden Cids ihm stets der Erste),
Jetzt, von Dienern reich begleitet,
Und geschmückt mit schönen Hörnern,
Zeigt er prächtig sich als Stier.

Antolin auf einem Esel,
Ihn gleich einem Rosse tummelnd;
Martin Pelaëz mit Blasen
Voller Erbsen, die er auswarf,
Allem Volk zur lauten Lust.

Herzlich lacht darob der König,
Gab dem Pagen, der den Damen
Zum Erschreck den Teufel spielte,
Eine Handvoll Maravedi's,
Auszuwerfen unters Volk.

Also führete der König
Sich zur rechten Hand Ximenen;
Und die Königin empfing sie,
Hinter ihr die Herrn vom Hofe;
Froh und freier war*) der Zug.

Waizen warf man aus den Fenstern,
Daß der Hut des Königs selber,
Daß Ximenens Busenkrause
Dicht und voll von Waizen lag.
Korn nach Körnchen las der König
Selbst ihn aus Ximenens Krause
Vor der Kön'gin Angesicht.

---

*) Abrastea: ward.

Alvar Fannez, der es ansah,
Rief als Stier: „Wohl möcht' ich lieber
Statt des Kopfes meines Königs
Jetzt besitzen seine Hand."
„Gebt ihm einen Korb voll Waizen,"
Sprach der König, „und Ximene,
Angelanget im Palaste,
Ihr umarmt ihn für den Scherz."

Aber von Ximenens Seele
War das taumelnde Gelächter.
Weit entfernt; sie ist zu glücklich
Als daß sie sich lustig zeige.
Mehr spricht ihr gerührtes Schweigen,
Als die lauteste Fröhlichkeit.

Original (S. 69 ff.): Toute la noce du Cid intrépide sortit de l'Église: le Roi, comme noble parrein de la mariée, l'Evêque, les Seigneurs, et le Peuple qui suivoit en foule. On dépensa plus de six francs pour élever un arc très-magnifique au milieu de la rue qui conduisoit au Palais de Bourgos. Aux fenêtres, c'étoit des tapis; et pour couvrir la terre des rues, c'étoient des joncs, des feuillages, du doux romarin et des herbes fleuries. D'espace en espace, on chantoit des chansons gaillardes au marié.

Alvar Fañez, le meilleur ami du Cid, parut en taureau avec les plus belles cornes du monde. Il étoit suivi d'une danse de Laquais, très-vive: Antoline vint en courant à la genette sur un âne: et Martin Pelaez couroit après lui avec des vessies pleines de pois, qui faisoient aussi courir tous les enfans. Le Roi rioit de tout son coeur, et fit donner six maravédis à un Page qui faisoit peur à toutes les Dames avec un habit de Diable.

Le Roi conduisoit Chimène par la main; la Reine étoit de l'autre côté; la Noblesse derrière elle. On jétoit du bled par les fenêtres; tant de bled, que le Roi en eut plein les plis de son chapeau, et la modeste Chimène tout plein sa gorgerette. Malgré la présence de la Reine, le Roi, qui étoit encore verd, tiroit les grains un à un de la gorgerette de Chimène. Alvar

Fañez qui le vit, et qui auroit voulu en faire autant, se mit à dire: 'C'est beaucoup que d'avoir la tête de notre Roi; mais j'aimerois mieux avoir sa main.' Ferdinand lui fit donner un beau panache pour son bon mot; et il voulut que Chimène l'embrassât lorsqu'on fut arrivé au l'alais.

Mais c'est en vain que le Roi veut égayer la Chimène, et lui faire dire quelque chose de gaillard. Elle est trop heureuse pour être joyeuse; elle ne peut jamais rien dire de si charmant, que son modeste silence.

Herder hat unnöthigerweise 'le peuple qui suivoit en foule', die Kosten des Ehrenbogens und den Lakaientanz weggelassen — lauter Dinge, die der Franzose aus der spanischen Romanze 'A su palacio de Búrgos' (Keller 16, Duran 740), die er bearbeitet hat, beibehalten. Wichtiger ist es, daß er den 'reichen Federbusch' (un beau panache, un rico penacho), welchen Alvar Fañez für seinen 'Scherz' erhält, in einen 'Korb voll Waizen' verwandelt hat. Ist dies absichtliche Aenderung oder Misverständnis? Sollte Herder 'panache' mit 'pannier' verwechselt haben? Es wäre dies nicht der einzige Fall einer Verwechselung ähnlicher französischer Wörter; vgl. unten zu den Romanzen XXX. und XXXIX.

XLVIII.

Dasteht nun der Cid gerüstet!
Unwissend, was werden solle,
Schwört der Maure bei Mahoma.
Daß er Cid beleidigt habe,
Reuet jetzt König Alfonso;
Doch der Cid, er steht in Waffen;
Es geht nach Valencia.

Dasteht nun der Cid gerüstet;
Aufgestützt auf seinen Degen,
Spricht zuletzt er mit Ximenen;
Babieça beißt die Zügel,
Heiß-erwartend ihren Reiter,
Und des Cids Paniere rauschen
In der Luft, erwartend ihn.

„Warum weinet Ihr, Ximene,
Ist so schwach denn unsre Liebe,
Daß sie nicht ertragen könne
Einige Abwesenheit?
Jeder Edle ist dem König
Dienste schuldig; dem gerechten
Leistet man sie pflichtenmäßig,
Undankbaren schenkt man sie."

„Muth und Sinn ist Euer Erbtheil,
Tochter eines Heldenstammes,
Die Gemahlin eines Kriegers,
Frei von jeder Weibesschwachheit,
So, Ximene, laß' ich Euch."

„Jeden Augenblick des Tages
Wendet wohl an, nähend, stickend,
Singt am Abend mit den Töchtern,
Und, um Euer Haus zu ordnen,
Wachet mit Auroren auf."

„Zu Vergnügungen verlaß' ich
Euch die Sorge für die Heerden,
Für die Wolle, fürs Gefieder;
Nie, Ximene, nie seid müssig,
Arbeit ist des Blutes Balsam,
Arbeit ist der Jugend Quell."

„Eure reiche Kleidung schließet
Ein, bis auf mein Wiederkommen;
Nicht, darin mir zu gefallen,
Sondern mir zur Ehre kann.
In Abwesenheit des Mannes
Kleidet einfach sich die Frau."

„Junge Mädchen, fern vom Feuer,
Wie den Werg; doch laßt die Töchter,
Wenn Gefahren Ihr entfernet,
Sie nichts merken von Gefahr.
Lasset sie an Eurer Seite
Schlafen, und hinaus ins Grüne
Nie ausgehen ohne Euch.

Töchter ohne ihre Mutter
Sind wie Lämmer ohne Hirt."

„Zeigt den Hausgenossen Würde,
Euren Frauen seid gesprächig;
Gegen Freunde seid bescheiden;
Gegen Euch und Eure Kinder
Unnachgebend=streng und vest.
Keiner Freundin, auch der besten,
Zeiget Einen meiner Briefe,
Wie ich keinem meiner Freunde
Einen Eurer Briefe zeige:
Denn das Band der Ehgenossen
Ist ein zart=vertraulich Band."

„Nie erwirbt man sich Hochachtung,
Wo man Alles von sich wissen,
Alles übersehen läßt.
Die geschwätzige Gemahlin
Zieht den Mann in ihr Geschwätz,
Macht dabei sich selbst verächtlich;
Und doch ruhet auf der Achtung
Eines Hauses seine Macht."

„Sollt' es Euch bisweilen Mühe
Kosten, meiner Briefe Inhalt
Zu verbergen: denn der Freude
Botschaft, sie verbirgt sich schwer:
So entdeckt es, sie zum Schweigen
Zu gewöhnen, Euren Töchtern;
Ihrem Vater zu gefallen,
Schweigen, weiß ich, sie gewiß."

„Nehmet Rath von keinem Manne;
Fragt, was Ich Euch rathen würde,
Wär' ich da, und folgt dem Rath.
Und in schweren Dingen — schreibet;
Nie verläßt Euch meine Feder,
Wie mein Degen und mein Herz."

„Zwei und zwanzig Maravedi's
Laß' ich Euch zur Tages=Ausgab';

Haltet Euch darnach; der wahre
Adel steht nicht im Ersparen,
Doch auch im Vergeuden nicht.
Seid Ihr geldbedürftig, lasset
Keinen als nur Mich es wissen;
Keinen Eurer Leute setzet
Je zum Pfande; suchet lieber
Geldessummen auf mein Wort."

„Auf mein bloßes Wort, Ximene,
Dieses, wie des Himmels Beste,
Weiß man, ist vest und gewiß.
Wie ich mich für andre schlage,
Glaubt, so werden sich auch andre
Froh bemühn für mich und Euch."

„Lebet wohl! Und Einen Kuß noch!
Einen nur; ich bringe keinen
Aus den Schlachten Dir zurück.
Lebe wohl, meine Ximene! —
Fort! die Krieger möchten sagen,
Ich sei hier Dein Bräutigam."

Original*): Il est armé le Cid. Il parle à sa Chimène, en s'appuyant sur sa fière épée; Babieça ronge son mors, en attendant son Cavalier; les bannières du Cid sont déployées au vent dans la prairie.

Il est armé le Cid. Les Maures jurent Mahom, et ne savent ce qu'ils vont devenir; Alphonse le brave se repent de l'avoir offensé: il n'est plus temps. Le Cid est armé; il s'en va du côté de Valence.

„Pourquoi pleurez-vous?" dit-il à Chimène, „notre amour n'est-il pas assez fort pour supporter un moment d'absence? Tout homme de noble sang doit au Roi ses services: les lui prête, quand il est juste; les lui donne, quand il est ingrat.

---

*) Diese Romanze müßte eigentlich S. 145 a. a. O. stehen, allein wir werden von dort zurück auf den December-Band 1782 der Bibliothèque des Romans p. 39 ff. verwiesen, wo sie, wie bereits erwähnt, mitgetheilt ist.

Vous avez des sens et du courage ; comportez-vous, en mon absence, comme la fille des Héros, comme la femme d'un Guerrier, et qu'on ne voye jamais de foiblesse en vous.

Occupez tous vos momens au soin de notre ménage : filez, brodez, chantez le soir avec vos filles, et levez-vous avec l'aurore pour tenir l'œil sur nos domestiques.

Je vous laisse pour amusement le soin de nos poules et de la bergerie ; du lin à dépouiller, en veillant ; et ne soyez jamais oisive : le travail est le baume du sang, la source de la vertu.

Serrez vos habillemens les plus riches ; gardez-les pour mon retour, non pour me plaire, mais pour me faire honneur. La femme, durant l'absence de son époux, doit se vêtir avec simplicité.

Loin des tisons les filles et les étoupes ; tenez vos filles dans la retraite : mais ne leur faites pas entendre que vous craignez des dangers, ce seroit les en avertir.

Qu'elles ne couchent nulle part qu'à vos côtés : qu'elles ne descendent point au verger sans vous, ou du moins qu'elles soient par tout sous vos yeux : car des filles sans leur mère, ce sont des brebis sans Berger.

Montrez de la dignité aux domestiques, de l'affabilité à vos femmes ; soyez discrète et modeste avec les étrangers, et sévère vis-à-vis de vous-même et de nos enfans.

Ne montrez point mes lettres à vos meilleures amies ; mon ami le plus sûr et le plus sage ne verra jamais les vôtres : le secret d'un époux est saint.

On ne respecte pas ceux dont on sait toutes les affaires ; la femme indiscrète expose son époux à inconsidération, et se fait mépriser elle-même : le respect d'autrui fait la puissance des maisons.

Si vous n'avez pas la force de cacher la joie que vous apporteront mes lettres (car les femmes ne savent pas cacher leur joie), montrez-les à vos filles, pour les accoutumer à la discrétion ; elles n'oseront en manquer pour leur père.

Ne prenez conseil de personne; pensez à celui que je vous donnerois, si j'étois présent; et dans les choses difficiles, écrivez-moi: ma plume ne vous manquera jamais plus que mon coeur et mon épée.

Je vous laisse vingt-deux maravedis par jour*. Traitez-vous selon ce que vous êtes: la vraie noblesse ne consiste ni dans l'économie ni dans la magnificence.

Si vous avez besoin d'argent, faites en sorte qu'on l'ignore; envoyez m'en demander, lorsque j'aurai pris quelque Château, et ne mettez aucun de vos atours en gage: si je ne puis, cherchez sur ma parole,

Sur ma parole, Chimène; on sait qu'elle est aussi ferme que le fondement des Cieux: quand je me battrai pour les besoins d'autrui, vous trouverez qui s'empressera pour les nôtres.

Adieu, ma femme; un seul baiser: je n'en veux qu'un, pour t'en rapporter mille, du milieu des batailles. Adieu; mes Guerriers, qui s'impatientent, diroient que je fais avec vous le jeune garçon."

Dem französischen Text liegt die Romanze 'Fablando estaba en celada', (Keller 85, Duran 835), zu Grunde.

Von Abweichungen Herders sind nur folgende hervorzuheben. Im Anfang hat er die beiden ersten Absätze des französischen Originals umgestellt**, und man kann die Umstellung nur billigen. Ob aber die Aenderung im letzten Absatz, wo er den Cid sagen läßt 'Ich bringe keinen (Kuß) aus den Schlachten Dir zurück.' — eine Verbesserung sei, bezweifele ich meinerseits. Schwerlich absichtliche Aenderung, sondern ein Mißverständnis ist es, wenn er die Worte 'ne mettez aucun de vos atours en gage', welche genau den spanischen 'non empeñeis vuestras prendas' entsprechen, übersetzt hat 'Keinen Eurer Leute setzet zum Pfande.' Wenn dagegen

---

* Dazu wird in Parenthese bemerkt: environ 50 sols; au taux d'aujourd'hui, ce ne seroit que trois sols moins un liard.
** So stehen auch in Romanze XXVIII die Abschnitte 'Dem mein Vater Ritterwaffen reichte' und 'Ich ein Weib, dazu noch jung und zärtlich' und in Romanze LI die Sätze 'Ehre buldet — Schätze nicht' und 'Eine Quelle — Mit den Braven umzugehn' im französischen Original in umgekehrter Folge.

die Worte 'soyez discrète et modeste avec les étrangers', welche die spanischen '(Sed ..) con los estraños sagaz' wiedergeben, übersetzt sind: 'Gegen Freunde seid bescheiden', so liegt hier offenbar nur ein bis jetzt noch nicht bemerkter Druckfehler vor, und es muß hergestellt werden:

Gegen Fremde seid bescheiden.

LXVII.

Fahnen, gute, alte Fahnen,
Die den Cid so oft begleitet
In und siegreich aus der Schlacht,
Rauschet ihr nicht in den Lüften
Traurig, daß euch Stimm' und Sprache
Daß euch eine Thräne fehlt:
Denn es brechen seine Blicke,
Er sieht euch zum letzten mal.

Lebet wohl, ihr schönen Berge,
Teruel und Albarazin,
Ew'ge Zeugen seines Ruhmes,
Seines Glückes, seines Muthes;
Lebet wohl, ihr schönen Höhen,
Und du Aussicht auf das Meer hin.
Ach, der Tod, er raubt uns Alles,
Wie ein Habicht raubt er uns.
Seht, es brechen seine Augen —
Er blickt hin zum letztenmal.

Was hat er gesagt, der gute
Cid? Er liegt auf seinem Lager,
Wo ist seine Eisenstimme?
Kaum noch kann man ihn verstehen,
Daß er seinen Freund Babieça,
Ihn noch einmal sehen will.

Babieça kommt, der treue
Mitgefährt' des wackern Helden,
In so mancher, mancher Schlacht.
Als er die ihm wohlbekannten,
Guten alten Fahnen siehet,

Die sonst in den Lüften wehten,
Hingebeugt auf's Sterbelager,
Unter ihnen seinen Freund,
Fühlt er seinen Lauf des Ruhmes
Auch geendet, steht mit großen
Augen stumm da, wie ein Lamm;
Sein Herr kann zu ihm nichts sprechen,
Er auch nichts zu seinem Herrn.
Traurig sieht ihn an Babieça,
Sid ihn an zum letztenmal.

Gerne hätt' sich Alvar Fannez
Mit dem Tode jetzt geschlagen;
Ohne Sprache sitzt Ximene;
Cid, er drückt ihr noch die Hand.

'Und nun rauschen die Paniere
Stärker; durch das off'ne Fenster
Weht ein Wind her von den Höhen —
Plötzlich schweigen Wind und Fahnen
Erel: denn der Cid entschläft.

Auf, nun auf! Trompeten, Trommeln,
Pfeifen, Clarinetten tönet,
Uebertönet Klag' und Seufzen;
Denn der Cid befahl es da.
Ihr geleitet auf die Seele
Eines Helden, der entschlief.

Original (S. 160 ff.): "Vieilles, vénérables et lamentables bannières, bannières que j'ai si longtemps chéries, mon dernier regard vous voit encore flotter aux vents, et pleurer, quoique vous n'ayiez point de larmes ni de plaintes à répandre."

C'est ainsi que parla le Cid, le foudroyant Cid Campéador, humilié sur le lit fatal, et plus foible qu'un enfant.

Adieu, montagnes d'Albaracin et de Terouel; adieu, sa belle Valence; adieu, nobles reliques de son courage et de sa fortune; adieu, la gloire et la vertu: la mort n'est rien, ne veut de rien, ne laisse rien; le brillant Cid va s'en aller comme un ver qu'il ne vaut pas.

Pour dérober ses cendres aux vautours,
Allez, Guerriers, fouiller ces jeunes herbes
Que le zéphyr gardoit à ses amours:
Enfermez-le dans des marbres superbes;
Hélas! les vers le trouveront toujours.

Avant que de rendre son ame au Ciel, tout ce que lui fut cher sur la terre occupa sa pensée. „A vous, ma pauvre Chimène, je vous laisse ma conquête, et pour la défendre, mon courage et mon épée: ne crains rien, Tizonade; je t'avois promis que tu ne passerois point entre les mains des femmes, tu n'y passeras point en effet. Ma Chimène est un homme qui sera bon ménager de ton honneur.

Vous donnerez tous les ans mille maravédis pour marier des filles orphelines, et deux mille pour l'entretien d'une maison que vous consacrerez à l'hospitalité dans ces montagnes de Terouel où j'ai tant eu soif.

A vous, ma fille Doña Sol; à vous, Elvire, tous les joyaux que j'ai pris aux Sarrasins, et la leçon de ma vie pour vous apprendre à choisir des époux. Ah! malheureuses!...

A toi, Minaya, mon armure, tous mes chevaux; et si tu m'as aimé, tu soutiendras ma renommée, tu protégeras ma femme et mes enfants; tu distribueras les lots à mes autres amis, et à mes Soldats, avec la magnificence qui convient à un homme tel que le Cid, c'est-à-dire, dont le coeur fut toujours tendre et généreux, si son bras et sa tête furent terribles."

Qu'a-t-il dit, la terrible Campéador? il est étendu dans son lit plus foible qu'un enfant. Il n'a plus de tête et plus de voix que pour demander à voir son ami Babieça.

Il vint, le noble coursier du Héros: on le fit entrer; et lorsqu'il vit les vieilles, vénérables et lamentables bannières, honteusement inclinées sur le corps de son maître, il parut sentir que les courses de la gloire étoient finies: il se tenoit là plus doux qu'une brebis innocente, ouvrant de larges yeux; et pour montrer qu'il se pénétroit de douleur, il ne disoit rien. Son maître a voulu le voir, et ne peut lui rien dire. Chimène et ses filles pleuroient sans parler, le brave Fañez de Minaya se consumoit de douleur en silence, et se seroit battu contre la mort. Jusqu'aux bannières qui flottoient avec bruit, agitées par le vent des fenêtres, vinrent à se taire d'une noble silence de tristesse. Fifres, clairons et tambours, éclatez maintenant; étouffez les cris des femmes; accompagnez l'ame du Guerrier: la voilà partie.

Im französischen Original sind zwei Romanzen benutzt, nemlich 'Banderas antiguas tristes', welche ich im Anhange mittheile, und 'A la postrimera hora', (Keller 144, Duran 898). Den letzten Willen des Cids, den Herder schon in einer besondern Romanze (LXV), einer der wenigen von ihm nicht aus dem Französischen übersetzten, behandelt hatte, mußte er natürlich hier weglassen, und nicht zum Schaden der Romanze, die viel ergreifender wirkt, wenn in ihr bloß von dem letzten Abschied des Helden die Rede ist. Auch die sonstigen Weglassungen Herders sind nicht zu tadeln.

Den zur Probe mitgetheilten ganzen Romanzen lasse ich aus den übrigen der Reihe nach diejenigen einzelnen Stellen folgen, wo Herder das französische Original in bemerkenswerth freier Weise übersetzt oder sonst geändert hat, zugleich auch die Stellen, die er misverstanden und falsch übersetzt hat. Ich stelle meist ohne weitere Bemerkung das Deutsche und das Französische neben einander; wo letzteres spanischen Versen entspricht, sind diese beigefügt.

II.

Recht will er vom Himmel nur.
Bravheit ist er seiner Ehre
Schuldig; schadet der die Jugend?
Für sie stirbt aus echtem Stamme
Selbst das neugeborne Kind.

Pg. 38. Justice au Ciel; du champ à la terre; à l'honneur, de la force au-dessus de ses années, c'est-ce qu'il demande; et qu'importe sa jeunesse? L'enfant de noble race sait mourir pour l'honneur aussi-tôt qu'il est né.

Keller 3, Duran 727:

Al cielo pide justicia,
A la tierra pide campo,
Al viejo padre licencia,
Y á la honra esfuerzo y brazo.
Non cuida de su niñez;
Que en naciendo, es costumbrado
A morir por casos de honra
El valiente fijodalgo.

Eilig langet er den Degen
Sich herab, den einſt Mubarba
Führte, jener tapfre Baſtard.

Pg. 39 : Il s'en va dépendre une vieille épée que portoit jadis le vaillant bâtard Moudarra.

Descolgó una espada vieja
De Mudarra el castellano.

An die zweite Romanze iſt im Franzöſiſchen ein Liebesgedicht an Ximenen, in vier ſechszeiligen gereimten Strophen, angeſchloſſen, welches der Cid ſpricht, 'en dévorant le chemin qui le conduisoit sur la trace du père de Chimène.' Herder hat dies Gedicht mit Recht ausgelaſſen.

IV.

Wer den Mann erlegen konnte,
Iſt der Erſte ſeines Stammes.

Pg. 43 : Celui qui a pu faire succomber une pareille tête, doit être la principale tête de sa Maison.

Keller 6, Duran 730 :

Que quien tal cabeza trae,
Será en mi casa cabeza.

V.

In dieſer Romanze haben wir einen der wenigen Fälle, wo Herder die der franzöſiſchen Bearbeitung zu Grunde liegende ſpaniſche Romanze, die ihm zugänglich war, da sie nicht bloß bei Escobar, sondern auch in dem ihm bekannten Cancionero de Romances steht, verglichen hat und ihretwegen an einer Stelle vom Franzosen abgewichen ist, nemlich in den Versen:

> Gegenseits kam Don Diego
> Mit dreihundert edlen Männern,
> Unter ihnen Don Rodrigo,
> Er, der stolze Castellaner.
> Auf Maulthieren ritten Alle,
> Er allein auf einem Roß;
> Bisamhandschuh trugen Alle,
> Er allein den Reiterhandschuh;
> Alle reich in Gold und Seide,
> Er allein in Waffenwehr.

Die französische Vorlage (p. 44) lautet:

Et d'un autre côté venoit le vieillard Don Diègue, suivi de plus de trois cents Gentilshommes, Rodrigue au milcu de tous, l'épéo sanglante au poing. Tous s'en viennent sur des mules; Rodrigue fait ployer un coursier superbe: tous sont vêtus de soie que relève la richesse de l'or et de la broderie; Rodrigue est vêtu de fer: tous portent des gants parfumés; Rodrigue a les mains nues.

Benutzt sind folgende spanische Verse (Keller 7, Duran 731).

> Cabalga Diego Lainez
> Al buen Rey besar la mano;
> Consigo se los llevaba
> Los trescientos fijosdalgo.
> Entre ellos iba Rodrigo,
> El soberbio castellano.
> Todos cabalgan á mula,
> Solo Rodrigo á caballo;
> Todos visten oro y seda,
> Rodrigo va bien armado;
> . . . .
> Todos guantes olorosos,
> Rodrigo guante mallado.

Herder hat die Verse, die der Franzose sehr frei wiedergegeben hat, fast wörtlich übersetzt. Den blutigen Degen, den der Cid im Fran=

zösischen führt, hat der Franzose aus einer andern Romanze, welche der folgenden zu Grunde liegt (Keller 8, Duran 723) herüber genommen:

>Hallan á Jimena Gomez,
>Desmelenado el cabello...
>Y á Rodrigo de Vibar
>Ensangrentado el estoque.

VI.

>Ihre Worte singt der Sänger,
>Doch nicht ihre Blick' und Seufzer.

Pg. 46: Ce que dit la désolée, la Romance va le répéter: mais elle ne peut répéter ses sanglots, ni tous les cris dont elle accompagna ces paroles.

Daß hier Herder an die Stelle der 'Schreie' die 'Blicke' gesetzt hat, scheint mir eine glückliche Aenderung.

>Er erstach mir meinen Vater,
>Er erstach ihn, eine Schlange.

Pg. 46: il a tué mon père, comme un serpent assassine celui qui l'aime. — Die letzten Worte hat Herder weggelassen, ebenso wie die weiter vorkommenden Sätze: 'L'ingrat serpent vient de l'assassiner, Sire; assassiner: car il est sûr que mon généreux père ne s'est pas défendu contre un jeune adversaire qu'il aimait,' und: 'On peut bien tuer une femme, quand on a tué celui qui nous aimoit.

VII.

>...Seinen Falken auf der Hand,
>Der mir meine Tauben würget,
>Alt und jung. Schau her, o König,
>Sieh das Blut auf meiner Schürze,
>Meiner jüngsten Taube Blut.

Pg. 48: ....un épervier sur le poing qu'il nourrit de mon colombier. Tous les jours il m'envoie son oiseau qui me tue mes colombes écloses ou à éclore; et voilà mon tablier, Sire, teint du sang des mes colômbes innocentes.

Keller 10, Duran 734:

> Y en su mano un gavilane;
> Por facerme mas despecho
> Cébalo en mi palomare,
> Mátame mis palomillas
> Criadas y por criare;
> La sangre que sale d'ellas
> Teñido me ha mi briale.

Der Brief des Cibs:

> Du klageſt, Einzige, Verehrte, Schöne
> Ximene,
> Daß täglich Dir mein Falk die Tauben
> Komme zu rauben.
> Sein Herr begleitet ihn —
> O dürft' er kühn
> Die Einmal ſehn, der auf ſo harte Art
> Vom Schickſal und vom Fall er angemeldet ward —

iſt eine gelungene Umdichtung der franzöſiſchen 'Chanson' (pg. 49):

> Qu'à votre noble colombier,
>   Dame charmante,
>   Mon épervier
> Porte la mort et l'épouvante,
> De mes desseins, c'est le dernier.
>   Dame champêtre
>   Quand d'une lettre
> On n'ose se fier,
> Qu'on ne peut oublier
> Et qu'on craint tant de l'être,
>   Un épervier,
>   C'est l'Écuyer
> Qui dit les desseins de son Maitre:
> Ah! puissiez-vous, Chimène, entendre le premier!

Die Romanze schließt im Französischen — der Sache nach durch=
aus und theilweise auch den Worten nach der spanischen Romanze
(Keller 10, Duran 734) entsprechend — also:

Quand le Roi Ferdinand eut entendu la plainte de Chimène,
il se mit à penser; et en suite de sa pensée, il fit une lettre:
la lettre fut à peine écrite, qu'elle étoit partie et remise à Don
Diègue, qui voulut la cacher à son fils. Mais forcé de la
montrer, il lui dit: „Ce n'est rien, Rodrigue; ce n'est qu'un ordre
d'aller rendre compte au Roi: j'irai moi-même et n'exposerai
point ta tête." „Qu'à Dieu ne plaise, répondit le vaillant Cid;
qu'à Dieu et à sa révérée Mère ne plaise que par-tout où mon
vénérable père ira, je ne marche pas devant lui!"

Bei Herder:

> Als der König dies gelesen,
> Stand er auf von seiner Tafel,
> Schrieb sofort an Don Diego,
> Heimlich sandt' er ihm den Brief.
>
> Wissen will den vollen Inhalt
> Don Rodrigo. „Nein! bei Gott nicht!
> Und bei seiner heil'gen Mutter!"
> (Sprach er) „laß' ich Euch, o Vater,
> Euch allein nach Hofe ziehn."

Der Brief des Cids also, d. h. seine ziemlich deutliche Liebeser=
klärung, veranlaßt den König an Don Diego zu schreiben und ihm
heimlich den Brief zu senden. Offenbar haben wir uns als Inhalt
des Briefes zu denken, daß der König den Diego zu sich einladet, um
mit ihm über die Liebe Cids zu sprechen, während im Original der
Cid zum König gefordert wird, um sich zu verantworten.

IX.

Im Französischen hat nicht Ximene eine 'lange Trauerschleppe',
sondern ihre Knappen haben 'lange Trauerflöre.'

Pg. 51: En trainant de longs crêpes de deuil, dans un silence respectueux et triste, trois cents Gentilshommes entrèrent en deux files, tous Ecuyers de Chimène.

Keller 12, Duran 736:

> Arrastrando luengos lutos
> Entráron treinta fidalgos,
> Escuderos de Jimena.

> Auf des Thrones tiefste Stufe
> Kniete sie demüthig nieder,
> Tochter sie des Grafen Gormaz,
> Hob sie so zu klagen an.

Pg. 52: et Chimène, humblement prosternée sur les degrés du Trône, commença sa plainte en ces termes.

> Y así comenzó sus quejas
> Humillada en los estrados.

Auch der Uebersetzer der französischen Romanze im Teutschen Merkur hat 'les degrés' durch 'die unterste Stufe' übersetzt.

> Gute Kön'ge sind auf Erden
> Gottes Bild. Die ungerechten
> Sind undankbar ihren treuen
> Dienern, nähren Factionen;
> Haß, Verfolgung, ew'ge Feindschaft,
> Seufzer und Verzweifelung.

> Denkt daran, o großer König,
> Und verzeihet einer Waise,
> Der die Klag' auf ihren Lippen
> Schmerzlich Euch ein Vorwurf wird.

Si les bons Rois sont sur la terre l'image de Dieu, et sont chargés de son emploi, celui qui manque dans la distribution de la justice ne doit être ni Roi bien craint ni bien aimé. La faveur injuste, Sire, c'est une sauve-garde funeste à qui la donne; elle enfle d'orgueil les coeurs vils et devient la source de leur ingratitude, le désespoir des bons, le premier motif des perfidies, et le premier noeud des factions.

Vous y avez mal regardé, Sire; vous n'y pensez pas assez. Pardonnez, si mes paroles vous offensent: le respect se change en audace sur les lèvres des femmes, lorsqu'elles sont outragées.

> Si de Dios los buenos reyes
> La semejanza y el cargo
> Representan en la tierra
> Con los humildes humanos,
> Non debiera de ser rey
> Bien temido y bien amado.
> Quien fallesce en la justicia
> Y esfuerza los desacatos.
> ¡Mal lo miras! mal lo piensas!
> Perdona si mal te fablo,
> Que la injuria en la mujer
> Vuelve el respeto en agravio.

X.

> Glücklicher ist die Gemahlin,
> Die ihm zuführt seine Mutter,
> Ihm, dem Schönsten, den ich sah.

Pg. 54: Heureuse la noble épouse qui sera conduite par sa mère à ce Chevalier charmant!

'Ihre Mutter' müßte es nach dem Französischen heißen.

XI.

> O so wisse, Königstöchter
> Sind deswegen arm an Gütern,
> Weil der Adel ihres Stammes
> Ihnen mehr als Reichthum gilt.
> Arbeit ist an mir kein Flecke:
> Sie ist meiner Hoheit Ruhm.

Pg. 55: Les filles des Rois n'ont rien de vulgaire; elles ont l'honneur, qui a fait divorce avec les propriétés. Mais ma pauvreté, Rodrigue, n'est point une tache. Pauvreté de femme est autant que l'honneur de l'homme. An einigen Stellen der Rede der Prinzessin hat Herder kleine Sätze weggelassen; so am Schluß: souvenez-vous que le lion est respectable pour les animaux vulgaires, et non pas pour ses pareils.

XIV.

Dieses Zwiegespräch ist das einzige Stück vom ganzen Cid, welches als wirkliches Eigentum Herders gelten kann. Allerdings findet sich auch im Französischen (pg. 62 ff.) an dieser Stelle ein Dialog und ebenfalls in Reimen. Herder hat davon jedoch nur im allgemeinen die Gesprächsform und die Situation, daß der Cid um Mitternacht Ximenen um Einlaß bittet, beibehalten, übrigens aber den Dialog ganz umgedichtet.

XV.

Luyn ist wol Schreibfehler Herders, nicht Druckfehler, da er schon in der Abrastea erscheint; im französischen Text (p. 66) steht Layn, in der spanischen Romanze (Keller 15, Duran 739) Lain. Ueber Belforado siehe oben S. 20. Corbonna, welches auch so in der 41. und 63. Romanze begegnet, muß Carbenna oder vielmehr Carbeña heißen, wie auch der französische Text an zwei Stellen richtig hat (p. 127 Cardeña, p. 159 Cardegna), während an unserer Stelle (p. 67) Cardaña verdruckt ist.

In der Schilderung des Anzugs des Cids ist der 'ausgeplüschte Hermelin' keine richtige Uebersetzung von 'une hongreline tudesque peluchée de soie' (p. 68), womit das spanische 'un tudesco en felpa todo forrado' wiedergegeben ist.

Während es im französischen Text heißt: 'et au moment de donner la main à sa Chimène, le Cid lui dit, avec un peu de rougeur et en la regardant avec amour,' läßt Herder den Cid 'tiefbeschämt' sprechen, eine zu billigende Aenderung. In der zu Grund liegenden spanischen Romanze (Keller 15, Duran 739), die Herder aus dem Romancero general kennen konnte, heißt es:

> Y al dar la mano y abrazo,
> El Cid mirando á la novia
> Le dijo todo turbado.

Nicht zu billigen sind aber bei Herder die ersten Worte der Rede des Cids:

> Fräulein, einen Mann von Ehre
> Leider hab' ich euch getödtet:
> Denn es wollt' es Ehr' und Pflicht.

Dagegen französisch:
J'ai tué votre père, Madame; je l'ai tué en homme d'honneur, et par la plus honorable raison du monde.

> Maté á tu padre, Jimena,
> Pero no á desaguisado:
> Matélo de hombre á hombre
> Para vengar cierto agravio.

XVII.

> Zu dem hochverehrten Sitze
> Pedro's, den der Bischof Victor
> Damals einnahm, trat der Deutschen
> Kaiser, (Heinrich war sein Name,)
> Klagend trat er so vor ihn.

Pg. 71: La redoutée Chaire du bon Saint-Pierre étoit occupée par le Pape Victor. Henri, l'Empereur, alla se prosterner devant le Pontife, et lui dit.

Keller 27, Duran 755:

> La silla del buen Sant Pedro
> Victor Papa la tenia,
> Y el Emperador Enrique
> Ante él se humilló y decia.

> Denn, o König, gebt Ihr ihnen
> Etwas, o so bleibt Euch — Nichts.

Pg. 73: Songez, Sire, que le systême de tous ces gens-là, c'est de laisser faire la besogne pour se l'approprier, et que, si vous donnez une part, ils vous contesteront la possession toute entière.

XVIII.

Also kehrten die Gesandten
Rückwärts, ohne recht zu wissen,
Wer Vasall und König sei.

Pg. 75: Les Maures s'en retournèrent, ne sachant lequel admirer du Vasall ou du Roi.

XIX.

Oder wollt Ihr, daß die Gattin
Eures ehrenvollsten Feldherrn
Ihm den Erstgebornen bringe,
Einen Waisen, vaterlos?

Pg. 78: ou si vous voulez que la femme du plus honorable de vos Vassaux se délivre durant son absence, comme une fille dont l'enfant n'auroit pas de père.

Die Bezeichnung der letzten Verse in dieser, wie in der folgenden Romanze, als 'Nachschrift' rührt von Herder her.

XX.

Mit vier Puncten und dem Zuge
Paraphirt er Kreuz und Namen.

Pg. 79: Il fit une croix avec quatre points et une paraphe.

Keller 30, Duran 758:

Despues de facer la cruz
Con cuatro puntos y un rasgo.

Aber da die Heidenkriege,
Die auf meinen Grenzen stürmen,
Ihn rückhalten, ist es meine,
Oder ist es seine Schuld?

Mais si je ne le retiens que pour me battre ces payens de Maures qui insultent mes frontières, ce n'est pas vous faire un si grand tort.

>Mas si solo vos lo quito
>Para lidiar en el campo
>Con los moros convecinos,
>Non vos fago mucho agravio.

>Drängt ihn nicht zurückzukommen,
>Euren Ehgemahl; er hörte,
>Auch an Eurer Seite hört' er
>Mit Unlust die Kriegsschalmei.

Pg. 80: Ne lui écrivez point de venir: car il seroit à vos côtés, qu'il en repartiroit en entendant mes tambours.

>Non le escribades que venga,
>Porque aunque esté á vueso lado,
>En oyendo el atambor
>Será forzoso dejaros.

XXI.

Die Bezeichnung des Königs Ferdinand als 'Spaniens Monarch und Kaiser' findet sich nicht im französischen Text, und ebensowenig in der von dem Franzosen benutzten spanischen Romanze.

>— — Ausgetheilet
>Habt Ihr Eure Reich' und Länder
>Meinen Brüdern —

Pg. 82: Vous avez partagé votre Puissance et vos biens entre mes frères Alfonse, Sanche et Garcie, qui m'entendent.

Keller 32, Duran 760:

>A Alfonso, Sancho y Garcia,
>Que están en vuesa presencia,
>Dejais todos los haberes.

XXII.

>Königen den Mund zu schließen,
>Darf es oft nur eines Weibes
>Freier Rede.

Pg. 84: Une femme libre suffit pour faire perdre la parole jusqu'à des Rois.

Keller 33, Duran 761:

> Que enmudece hasta á los reyes
> Una mujer libertada.

XXIII.

Blasen läßt er allenthalben
Gegen seine Brüder Krieg.
Die Basallen seines Reiches
Bot er auf; nicht seine Rechte
An der Brüder Land zu prüfen;
In das Treffen sie zu führen,
Rief er sie bei Ehr' und Pflicht.
„Ach, Rodrigo", sprach Ximene u. s. w.

Pg. 87: Il faisoit sonner l'alarme contre ses frères. Le Cid marchoit à la tête de son armée. Tout bon Gentilhomme marche à l'honneur, et n'examine point la justice des querelles de son Roi. „Ah! Rodrigue," lui dit Chimène, etc.

Die gereimten, dreimal, jedoch nicht ganz gleich wiederkehrenden Worte Ximenes lauten französisch: Ah! Rodrigue, vous avez résolu de me faire perdre la patience ou la vie! Spanisch (Keller 24, Duran 747):

> Pues que con larga ausencia
> A Jimena quitais vida y paciencia.

Zwar ist dies Euch keine Drohung:
Denn in Worten wie in Thaten
Kann Ximene den Rodrigo
Nie beleid'gen. Eifersüchtig
Könnte sie als Kind nur — sterben.

Pg. 88: Ce n'est pas pour vous menacer, Rodrigue: non, votre Chimène ne peut pas plus vous offenser d'effet que de paroles; et si vous la rendez jalouse, elle n'est capable que d'en crever, comme l'enfant de sa colère.

XXIV.

Lange führeten die Brüder,
König Sancho in Kastilien,
In Gallizien Don Garzia,
An der Reiche Gränzen Krieg.
Endlich trafen sie zusammen;
Und von beiden Seiten fielen
Tapfre Männer.

Pg. 89: Don Sanche régnoit en Castille, et Don Garcie en Galice: il y avoit longtemps que les deux nobles frères se guerroyoient sur leurs partages; ils se rencontrèrent dans une bataille épouvantable, où périrent des milliers de braves de part et d'autre.

Keller 36, Duran 764:

El rey Don Sancho reinaba
En Castilla su reinado,
Y en Galicia Don García,
Que de Don Sancho es hermano.
Sobre los reinos los dos
Mucho habian guerreado,
Y en batalla muy sangrienta
Ambos reyes se han hallado.
Muchos mueren de sus gentes.

XXV.

— — die Bösen müßten
Abstehn von den Freveltaten,
Wenn zu solchen kein Rechtschaffner
Ihnen diente: denn der Beste
Wird im Dienst der Bösen schlecht.

Pg. 92: Les méchans séroient honnêtes, si les bons ne les servoient pas; et, par un retour de maxime, c'est le bon qui devient méchant quand il consacre, par ses succès, des entreprises illégitimes.

„Fangen oder hangen!" rief er.

Pg. 93: „Ou me prendre, ou le rendre," leur dit-il.

Don Alfonso blieb gefangen,
Ward gesperret in ein Kloster;
Wo ihn bald zum Dank der Ehre,
Die dem Cid er laut erzeiget,
Donna Urafa ihn ins Freie
Fördert, daß er gen Toledo
Hin zu Ali=Maimon floh.

Pg. 93: On emmena le malheureux Alfonse prisonnier: mais le Cid, pour le remercier de l'honneur qu'il lui avoit fait, le délivra secrètement dans la suite, et le Roi de Léon s'enfuit chez les Maures.

XXVI.

Abzuleiten den Duero,
Der sie einschließt wie ein Mädchen,
Ist ganz über Menschenmacht.

Pg. 94: Le Douero lui fait une ceinture que je ne crois pas possible de détacher à cette pucelle.

Herders Worte sind dunkel und erhalten erst durch das französische Original Licht.

XXVII.

Denn dem Glück geliebt zu werden,
Gleicht kein ander Glück auf Erden;
Die geliebte Schäferin,
Sie allein ist Königin.

Pg. 96: Non, rien ne vaut le bonheur d'être aimée.
Qu'est-ce qu'un Trône avec la renommée?
Et les trésors, qu'ont-ils de si charmant?
Une Reine, c'est, sur la terre,
La plus pauvre Bergère
Qu'adore son Amant.

XXVIII.

Ich ein Weib, dazu noch jung und zärtlich,
Kann ihm zwar kein Leid vom Himmel wünschen;

> Hat er mich mit seinem Stolz beleidigt,
> Hat er innig mir das Herz verwundet,
> Kommen von ihm alle meine Leiden;
> So komm' auf ihn meine Güt' und Gnade;
> Ich verzeih' ihm.

Pg. 98: Je suis une femme, et bien jeune et trop tendre. Je ne puis demander au Ciel la perte du Cid: s'il a blessé mon ame par son orgueil, il a blessé mon coeur..., je ne sais par quoi. Si c'est de lui que me viennent tous mes chagrins, c'est de lui que me vient ma clémence.

Keller 40, Duran 769:

> Y soy mujer, y pasion
> No me da lugar que pida
> Al cielo tu perdicion:
> Que si es mi alma ofendida,
> Asi lo ha mi corazon.

> — Er bemerkte
> Damals nicht, was jedes Mädchen merkt.

Ce qu'il n'a point considéré, une femme le considère.

> Lo que no consideraste
> Consideran las mujeres.

XXX.

> Ein Geräusch von Waffenrüstung!
> Pferdetritt', Galopp, Galoppe!

Pg. 101: Quel est ce bruit éclatant d'armures qui se fait entendre? Galoppe! galoppe!

> — Wie Hasen sprengen
> Sie hinauf dort jenen Hügel.

— ils gravissent la colline comme deux lévriers.

Keller 45, Duran 775:

Salen mas recios que galgos.

Herder hat hier lièvre und lévrier verwechselt. Die spanische Romanze kannte er nicht, da sie sich nur bei Escobar und Timoneba findet.

XXXI.

Herder hat hier Diego von Ordonna; in der 33. und 34. Romanze auch Diego Ordonno. Der Franzose hat Diègue Ordoño; spanisch heißt der Ritter Diego Ordoñez, zuweilen auch bloß Ordoño.

Als Don Sancho von Rodrigo's
Rückkehr hörte, zog er freudig
Ihm entgegen, weit hinan.

Pg. 104: Don Sanche fut instruit du retour de son Héros: il marcha plus de deux lieues à sa rencontre.

Keller 42, Duran 771:

El Rey cuando lo sabía
Dos leguas salió á él.

Pfeifen, Trommeln, Clarinetten
Künden an dem Kriegeslager
Cids Zurückkehr.

Pg. 105: Fifres, clairons, tambours, annoncèrent le retour du Cid.

Mit 'Clarinette' hat Herder auch in den Romanzen XLVI, LI und LXVII 'clairon' übersetzt.

XXXII.

Hüte, hüt' Dich, König Sancho,
Vor Verräthern. Vor Verräthern
Hüte Jeder sich; am meisten
Wer Gewalt und Unrecht that.

Pg. 105: C'est une règle pour tous que de se défier des traîtres, et sur-tout pour ceux qui commettent l'injustice.

Herder hat dazu noch die erste Zeile einer von dem Franzosen nicht benutzten Romanze, die er aus dem Cancionero kannte, gefügt: Guarte, guarte, rey Don Sancho (Keller 46, Duran 778).

> Sei es Euch gesagt, o König,
> Euch gesagt, ihr Castiljaner,
> Ein Verräther ist entwichen
> Aus der Stadt; er heißt Bellido.
> Vier Verrätherei'n beging er;
> Wenn er Euch die fünfte zufügt,
> Keinem edlen Zamoraner
> Rechnets an; ihr seid gewarnt.

Pg. 106: A vous, Roi Don Sanche, et à tous vos Castillans, je dis que le traître Bellido vient de s'échapper de Zamora; et que, s'il vous fait une trahison quelconque, vous n'aurez point à vous en prendre à nous autres nobles Zamorans.

Keller 47, Duran 779:

> A tí lodigo, buen Rey,
> Y á todos tus castellanos,
> Que allá ha salido Bellido,
> Bellido un traidor malvado,
> Que si traicion te ficiere,
> A nos non sea imputado.

Herder hat neben der französischen Vorlage noch die eben erwähnte Romanze benutzt:

> Guarte, guarte, rey Don Sancho,
> No digas que no te aviso
> Que de dentro de Zamora
> Un alevoso ha salido:
> Llámase Bellido Dolfos,
> Hijo de Dolfos Bellido,
> Cuatro traiciones ha fecho,
> Y con esta serán cinco.

Als der Cid so schwören sollte,
Sprach er: „Meine Männer werden
Wie des Mannes Freunde kämpfen,
Der nichts fürchtet. Allenthalben
Werden sie mich vorwärts sehen,
Aber abgelegt die Waffen,
Schwör' ich bei dem Himmel droben,
Gegen die erhabne Schwester
Meines Königes den Degen
Nie zu zucken. Hört den Schwur!"

Pg. 108: Quand ce vint au Cid, il répondit: „Mes Gentils-hommes combattront en dignes amis d'un homme qui n'a pas peur: ils me verront par-tout à leur tête, mais désarmé, le visage découvert; et je jure à Dieu de ne tirer jamais un coup d'épée personellement contre l'aimable soeur de mon Roi."

Längs dem Ufer des Duero
Sah man lang' sie vorwärts gehen,
Bis auf Einmal sich Bellido
Hob und mit dem Dolch den König
Zehnmal in den Rücken stieß.

On les vit s'avancer; et comme ils avoient gagné le bord de la rivière, on vit Bellido s'élever sur ses étriers, et percer, de plus de dix coups de poignard, le dos de l'infortuné Monarque.

Keller 47, Duran 779:

Levantóse en los estribos.

XXXIII.

Don Diego von Ordonna,
Der dem königlichen Leichnam,
Wie abwesend in Gedanken,
Traurig stumm zu Füßen saß ...

Pg. 111: Don Diègue Ordoño se tenoit assis aux pieds du cadavre royal.

Keller 49, Duran 784:

> Levantóse Diego Ordoñez,
> Que á los piès del Rey yacia.

Arias Gonsalo, der Edle,
Gab herunter von der Mauer
Ihm zur Antwort, kalt und vest.

Pg. 112: L'honoré Vieillard Gonzalo ne lui répondit qu'avec douceur du haut du rempart.

Lieber will in meinem Alter
Ich auf frember Erde sterben,
Tief versteckt in Dunkelheit;
Als um niederträchtgen Mordes
Willen auf geschloßnem Felde
Ueberwinder sein im Kampf.

Je suis vieux, et j'aime mieux aller mourir sur une Terre étrangère, et me cacher le reste de mes jours, que d'être vaincu en champ clos pour une cause de trahison et de lâcheté.

Keller 50, Duran 789:

> Mas quiero irme desta tierra
> En Africa desterrado,
> Que no en campo ser vencido
> Por alevoso y malvado.

XXXVI.

Schon durchritt ihn Don Diego
Mit der Stärke des Alciden.

Pg. 117: Don Diègue le parcourut au pas de son cheval avec la fierté d'un Hercule.

Die Worte 'Das Gericht des Kampfes schwieg' sind Zusatz Herders.

XXXVII.

Angekommen in Zamora,
Zog Alfonso dann nach Burgos.

Diese Zeilen sind Zusatz Herders.

XXXVIII.

Vorm Altare der Gadea,
Knieend, seine Hand geleget
Auf das Evangelium
Und ein Eisenschloß und eine
Leimruth'; so, das Haupt entblößt,
So erwartet Don Alfonso
Seinen Eidschwur von dem Cid.

Pg. 123: Devant l'Autel de Sainte-Gadée de Bourgos, à genoux, la main posée sur une serrure de fer et sur une arbalète de bois, le Roi Alfonse attendoit, tête nue, que le Cid s'avançât pour l'interroger.

Keller 64, Duran 812:

En Santa Gadea de Búrgos,
Do juran los fijosdalgo,
Allí le toma la jura
El Cid, al rey castellano.
Las juras eran tan fuertes,
Que á todos ponen espanto;
Sobre un cerrojo de hierro
Y una ballesta de palo.

Wie kommt Herder dazu, aus der 'arbalète de bois' eine — Leimruthe zu machen? Ein Misverständnis oder eine absichtliche Aenderung, beide sind gleich unbegreiflich.

'Wie Don Sancho von Bellido' ist ein Zusatz Herders.

„Sprechet Amen", rief der Cid.

Pg. 123: Répétez, dit le Cid.

XXXIX.

Jenes Schloß und jene Leimruth',
Zeugen meines Schwures, waren
Zeugen meiner tiefen Schmach.

Pg. 124: Cette serrure de fer et cette arbalète, témoins de ma parole, le sont aussi de mon injure.

Keller 65, Duran 813:

Y este cerrojo de hierro,
Y esta ballesta de palo,
Como fincan en mi jura,
Fincan tam bien en mi agravio.

Nie die Hand des Edelmanns
Waget an den König sich.

Pg. 125: jamais Gentilhomme ne porta la main sur son Roi, qu'en cessant de l'être.

„Und ich nehme vier der Jahre,"
Sprach der Cid, „um so viel lieber,
Da vom Hofe die Entfernung
Mir der König selbst gebeut.„

J'en prends quatre, lui répliqua le Cid; et j'obéis d'autant plus volontiers, que c'est au premier ordre que vous avez donné.

Keller 64, Duran 812:

Pláceme, dijo el buen Cid,
Pláceme, dijo, de grado,
Por ser la primera cosa,
Que mandas en tu reinado:

> Tú me destierras por uno,
> Yo me destierro por cuatro.

> Seine dreimalhundert Männer
> Mit gespitzten scharfen Lanzen,
> Mit Wolfsrachen auf den Schilden,
> Alle zogen sie mit ihm.

Ses trois cents Gentilshommes l'accompagnent les lances au poing à fer émoulu, avec leurs écus orlés de gueule.

> Con trescientos cavalleros ......
> Todos llevan lanza en puño
> Con el hierro acicalado,
> Y llevan sendas adargas
> Con borlas de colorado.

Herder hat das französische gueule misverstanden und an la gueule, Rachen, gedacht. Allein gueule ist Druckfehler für gueules; le gueules aber bedeutet die rote Farbe, ist also die genaue Uebersetzung des spanischen colorado.

XLI.

> In den Ländern, einst verloren
> Durch des Gothenkönigs Schuld,
> Den die Liebe scharf anklaget,
> Und doch auch die Lieb' entschuldigt.

Pg. 127: dans les Pays perdus par la faute de ce Rodrigue également coupable et justifié par l'Amour.

Keller 68, Duran 818:

> De las mal perdidas tierras
> Por pecados de Rodrigo,
> Que amor disculpa y condena.

Herder hat der Deutlichkeit wegen 'den Gothenkönig' gesetzt, denn dieser, nicht der Cid, ist ohne Zweifel in der französischen Bearbeitung wenigstens — ich glaube aber auch, obschon Regis und Dünter anderer Meinung sind, in der spanischen Romanze* — mit dem Rodrigo gemeint.

>Hab' ich Könige der Mauren
>Nicht besiegt, so hab' ich Söhne,
>Die gar wohl für mich es können.

Pg. 128: si je n'ai pas vaincu des Rois Maures, j'ai engendré qui peut en vaincre autant et plus que vous.

>Si non vencí reyes moros
>Engendré quien los vencierá.

XLII.

>Wenn Ihr, um Euch hoch zu heben,
>Meines Armes zu bedienen
>Wisset, Ritter von Bivar,
>So erwartet Ihr vergeblich
>Künftighin auf diesem Wege
>Euren Gang zum Firmament.

Pg. 130: Si vous entendez vous servir de mes bras pour vous élever, Champion de Bivar, vous pouvez attendre. Ce ne sera point avec mes bras que vous irez au Firmament.

Entendre ist nicht mit wissen zu übersetzen, welches im Zusammenhang hier keinen Sinn gibt, sondern mit wollen.

>Fürchterlich ist Euer Grabsinn;
>Auf den Knien vor mir zu bleiben,
>Ziemet Stolzen, wie Ihr seid.

---

* Vgl. die Stelle einer andern Cid=Romanze (Keller 95, Duran 846):
>Que con muchos como yo
>Non restaurara do presto
>Lo que el rey godo perdió.

Pg. 130: Vous faites peur quand vous êtes droit; demeurez à genoux: c'est la posture qui convient à des superbes comme vous.

Keller 69, Duran 819:

¡Bien estais afinojado,
Que es pavor veros enhiesto!
Que asiento es, asaz debido,
El suelo, de los soberbios.

Ihr dagegen ließet schwören
Und verhöhntet mich, den König,
Mit dem Eidschwur auf die Bibel
Und die Leimruth' und das Schloß.

Pg. 131: vous m'avez bravé dans Sainte-Gadée, où je fis serment sur la serrure du Livre sacré, l'arbalète sur le coeur.

Solo vos me contrallasteis
Tomándome juramento:
En Santa Gadea lo fice
Sobre los cuatro Evangelios,
Y en el ballcston dorado,
Teniendo el cuadrillo al pecho.

Doch er that es nicht: denn immer
Thut der Cid nur, was er — will.

Pg. 132: le Cid ne le fit point, parce qu'il ne fait que ce qu'il ose.

¡Bien cerca estaba quien dijo,
Que non osásteis de miedo!

XLV.

— doch nahmen
Sie mit sich die schweren Kasten,
Die der Cid (so wollt' es jetzo
Seine Noth) mit Sand gefüllt.

>   That dem Herzen Cids das wehe?
>   Nicht im mindsten. Herzhaft that er's,
>   Voll Vertrauen auf sein Glück.

Pg. 139: Ils n'emportèrent pas moins les deux coffres que le Cid avoit remplis de sable. Infame nécessité! comment as-tu pu mordre sur l'ame du Cid, et lui faire employer le seul subterfuge de sa glorieuse vie?

Keller 76, Duran 826:

> ¡O necesidad infame,
> A cuántos honrados fuerzas
> A que por salir de tí
> Hagan mil cosas mal hechas!

XLVI.

Die Zeilen 'Nieder senkt' er jetzt die Fahne' und später 'Hiemit hob er auf die Fahne' sind Zusätze Herders.

> Die Beleidigung verschmerzen,
> Ist das Merkmal höh'rer Seelen,
> Ob sie sie gleich tief gefühlt.

Pg. 142: Souffrir les torts, est la marque des ames supérieures, quoique la maxime les expose.

Die wenig poetischen letzten Worte sind von Herder glücklich verändert.

Noch sei bemerkt, daß durch das ungewöhnliche Wort 'Sammtgehall' im drittletzten Vers das französische 'harmonie' übersetzt ist.

XLVII.

> Kön'ge wollen ihre Diener
> Nur an ihrem Platze sehen;
> Den Erhabneren darüber
> Drücken sie, wie Buhlerinnen
> Den verächtlich=stolz behandeln,
> Der sich, ihnen zu gefallen,
> Nicht verächtlich machen ließ.

Pg. 143: Les Rois voudroient voir les hommes suffire à leur place, mais non pas se mettre au-dessus. Ils ne cessent pas toujours d'estimer quand ils punissent. Comme les femmes, ils respectent leur victime, et sont fâchés seulement de ce qu'elle n'a pas voulu se rendre assez méprisable pour leur plaire.

> Könige sind nie in Ruhe.
> Dieser will und Der den Degen;
> Und an Alles soll der König
> Denken, prüfen, widerstehn.

Pg. 144: Jamais les Rois n'ont de repos. Un Gentilhomme entre au champ et ne s'inquiète que d'avoir une bonne épée: il faut qu'un Roi pense à tout, souffre tout et combatte.

Keller 75, Duran 825:

> No hay folgarse entre los reyes,
> Que nunca los reyes fuelgan
> Cuidando el pro de sus reinos,
> Y haciendo en los lueñes guerra.
> Si fidalgos con la espada
> Por su rey en lides entran,
> El rey con espada y alma
> Anda, padece y pelea.

L.

> Was dem Grafen Consuegra
> Cid antwortete, vernehmt.

Pg. 146: Et voici qu'elle fut la réponse du Héros aux Comtes de Consuegra.

Keller 81, Duran 831:

> Aquesto escribe Rodrigo
> A los condes de Consuegra.

> Edle Männer von Villalon,
> Tapfre Ritter von Valverna,

Guten Leute von Bilalba,
Gute Christen von Salsuenna.

Gentilshommes de Villalon, Chevaliers de Valverna, honnêtes gens de Villalda, et bons Chrétiens de Sansueña.

Fidalgos de Villalon,
Caballeros de Valduerna,
Hombres buenos de Villalva,
Y cristianos de Sansueña.

Bin ich einsam, so gedenk' ich
An mein Weib, und das mit Seufzen;
Weinend mußt' ich sie verlassen,
Klagend wie die Turteltaube;
Und wohl einsam, und wohl traurig
Lebet jetzt sie in der Fremde;
Doch sie lebet glücklich dort.

Pg. 147. (Je suis) Un homme qui, quand il est seul, donne un soupir à sa femme, abandonnée de lui comme une tourterelle, bien seule et bién triste, sur une Terre étrangère, quoiqu'elle soit bien dans sa Terre.

Lloro, cuando estoy á solas,
La mi consorte Jimena,
Que finca cual tortolilla.
Sola y triste en tierra ajena,
Que, magüer es tierra suya,
Tiene enemigos muy cerca.

LI.

Die Worte 'doch unvermerkt' sind von Herder an die Stelle der französischen 'sans fierté, sans colère' gesetzt, ein eingeschobener Satz aber: 'Les fautes à l'honneur doivent être reprochées en secret, si l'on veut que le reproche corrige' (Keller 88, Duran 838: Que las faltas de los buenos A solas se han de reñir) ist weggelassen.

Sprecht mir, junger Mann, die Worte
Mir mit Mund und Herzen nach.

Pg. 149: Répétez ces paroles que je vais dire.

Keller 89, Duran 839:

Y repetid las palabras
Que voy agora diciendo.

Setzt Euch vest auf diese Worte, Jüngling,
Daß, wenn wir auf jene Ebne kommen,
Sie der Wind nicht etwa Euch entnehme.

Pg. 150: Pesez bien sur ces paroles, et que le vent ne les emporte pas quand nous serons dans la plaine.

Ponderad estas palabras,
Mirad no las lleve el viento.

Hat Herder 'peser' und 'poser' verwechselt?

Auf, zum Schwert! Eu'r Pferd habt Ihr verloren.
Sorget nicht; ich geb' Euch gleich ein andres.

Je vais vous donner un cheval, car je pense que vous avez perdu le vôtre. Qui ne songe point à soi n'a pas souci d'autrui.

¿Dó dejastes el troton?
Cuido lo dejaste muerto,
Que quien de sí no se membra
Mal cuidará de lo ajeno.

Da ergriff er bei der Hand ihn, rufend,
Rufend aus mit seiner Eisenstimme

... et tenant la main du jeune homme, il éleva sa voix en disant, avec un coeur d'acier.

Y levantando la voz
Dijo con pecho de acero.

LII.

Eine nur ist meine Gattin,
Eine, meine echte Frau.

Pg. 151: je ne me sers point de femme, sinon de la mienne légitime, quand je le puis.

Keller 92, Duran 842:

Que yo non uso mujeres
Sinon la mia natural.

Wohl, daß einem Held an Hofe,
In der Schule seines Lehnherrn,
Du dabei zu lachen giebst.
Andre werden meine Plane,
So wie deine Worte, meistern
Und bespötteln.

Pg. 153: peut-être feras-tu rire quelques Césars de la ruelle du Maître. Il se pourra que tels autres épluchent mes pensées et tes paroles.

Keller 93, Duran 844:

Que bien sé que habrá en la rueda
Quien mis pensamientos mida,
Y vuesas palabras mesmas.

LIII.

Ehrenworte kosten wenig,
Und sie sind so reich einträglich
Einem guten Könige;
Sie gewinnen ihm die Herzen,
Wenn bei ungerechten Worten
Sich das treuste ihm entzieht.
Daß der Cid Euch treu blieb, König,
Traut, o trauet nicht dem Beispiel.

Pg. 154: Les paroles honorables coûtent peu, Sire, et valent beaucoup aux Rois: elles leur valent des Sujets affectionnés; l'experience de la fidélité du Cid vous apprend que leur injustice en fait aussi. Ne vous fiez pourtant pas sur cette expérience. Keller 95, Duran 816.

> Que el buen fablar en los reyes
> Cuesta muy poco, señor,
> Y face vasallos leales.

LXII.

„Ruy Diaz", sprach der Eine
Mit hinabgesenktem Blick.

Pg. 157: Quand le Cid parut debout devant eux, leurs yeux s'abaissèrent involontairement; et ils furent épouvantés de la grandeur de l'homme, après avoir été frappés par sa renommée. Ruy-Diaz le Cid, dirent-ils, notre Soudan etc. etc.

Also sprach der Cid und zeigte
Ihnen darauf seine Schätze:
Die Gemahlin und die Töchter;
Zwar nicht überdeckt mit Perlen,
Ohne Schmuck und Edelsteine,
Doch des Herzens Güt' und Unschuld
Sprach aus jeglichem Gesicht.
Ueber seiner Töchter Schönheit
Waren beide hoch erstaunt;
Und noch mehr, noch mehr erstaunet
Ueber seine schlichte Sitten,
Ueber sein einfaches Haus.

Pg. 158: Après ce discours, et d'autres encore, le Cid montra sa femme et ses filles: les Persans furent étonnés, de ce qu'étant si belles, elles n'étoient pas couvertes de pierreries; et lorsqu'il leur eut montré sa maison, ils ne revenoient pas de leur surprise en voyant une si grande pauvreté.

Die sieben letzten Zeilen der Romanze sind von Herder hinzugesetzt, mit Benutzung einer spanischen Romanze aus Sepúlvedas Sammlung (Keller 135, Duran 890).

LXIII.

> Als der Cid, Bukar entgegen
> Der Valencia ihm zu rauben,
> Auf ihn drang mit starker Heerskraft,
> Dreißig Könige mit ihm...

Pg. 158: le Cid va porter la bataille au Roi Boucar, qui vient lui disputer Valence.

Keller 139, Duran 893:

> Que el rey Búcar, fuerte moro,
> Sobre Valencia ha llegado.
> Treinta reyes trae consigo.

Herder kannte diese Romanze, die bei Escobar und Sepúlveda steht, aus letzterem und nahm daher die von dem Franzosen weggelassenen dreißig Könige.

> In der Rechte laß mir die Tizona
> Auch in meiner Gruft, daß sie kein andrer,
> Kein Unwürd'ger führe.

Pg. 159: Pour me servir de parure funéraire, laissez ma bonne épée dans ma main droite, et j'ordonne qu'elle ne passe jamais entre des mains efféminées.

Keller 102, Duran 854:

> Y la Tizona que adorna
> Esta mi mano derecha,
> Non pierda de su derecho
> Ni venga á manos de fembra.

Schließlich noch eine Bemerkung. Der Titel des Herderschen Cids lautet bekanntlich 'Der Cid. Nach Spanischen Romanzen besungen durch J. G. v. Herder.' Wie konnte — wird wol mancher unsrer Leser fragen — Herder diesen entschieden unwahren Titel wählen? Und war es nicht vielmehr seine Pflicht, im Titel, oder wenn er das nicht wollte, jedenfalls in einem Vor- oder Nachwort ausdrücklich auf die französische Quelle hinzuweisen? Darauf ist zu erwidern, daß Herder seinen Cid gar nicht selbst herausgegeben hat, daß derselbe vielmehr erst nach Herders Tod, im Jahre 1805 herausgekommen ist. Herder hat selbst nur die 22 ersten Cid-Romanzen als Probe des ganzen Werkes im 9. und 10. Stück seiner 'Adrastea'* herausgegeben, und zwar unter dem Titel 'Der Cid. Geschichte des Don Ruy Diaz, Grafen von Bivar. Nach Spanischen Romanzen' — also ohne das Wort 'besungen' — und mit folgender 'Nachschrift':

'Da die Fortsetzung der Geschichte Cids, die eben hier den Knoten gewinnet, durch weitere Unterbrechungen, (wie es in einer Zeitschrift doch sein müßte,) zu viel verlieren würde: so sei hier die Meldung gnug, daß der ganze Cid, (wohl das erhabenste Romanzen-Epos, das existiret,) nachdem dem Uebersetzer glücklicher Weise die erwünschtesten Hülfsmittel zu Händen gekommen, in seinem treflichen Zusammenhang und [**] den nothwendigen Erläuterungen unabgetrennt ans Licht treten werde. In Frankreich hat man den Cid das erste tragische Sujet genannt; daß er auch das erste epische sei, wird sich zeigen.'

Also 'nothwendige Erläuterungen' beabsichtigte Herder seinem Cid beizugeben, und bei Mittheilung dieser Erläuterungen,*** denke ich, würde er wol Gelegenheit genommen haben, zu erklären, was er, der

---

* Noch ebe das 10. Stück ganz vollendet war, starb Herder (18. Dec. 1803).
** [Hier fehlt offenbar 'mit']
*** Sie würden doch wol hauptsächlich von der Geschichte des Cids nach andern Quellen als den Romanzen gehandelt haben. Im Juni 1803 entlieh Herder von Göttingen, wie wir aus einem Brief Heynes an ihn wissen (Von und an Herder II, 237), die beiden ersten Bände der 'Coleccion de Poesias Castellanas' (von Sanchez), ohne Zweifel wegen des darin enthaltenen 'Poema del Cid', und im August 1803 benutzte er in Dresden von der dortigen Bibliothek die 'Cronica del Cid' (Erinnerungen aus dem Leben Herders II, 325). Das Poema del Cid und die Cronica del Cid sind wahrscheinlich in der Nachschrift mit den 'dem Uebersetzer glücklicher Weise zu Händen gekommenen erwünschtesten Hülfsmitteln' gemeint.

sich selbst nicht den 'Dichter', sondern nur den 'Ueberseher' nennt, eigentlich übersetzt hat. Wünschenswerth wäre es jedenfalls gewesen, daß uns Herder auf das französische Original hingewiesen hätte: dann wäre von Anfang an der Herdersche Cid als das angesehen worden, was er in Wirklichkeit ist, während es uns jetzt nach sechzig Jahren schwer wird, den liebgewonnenen Wahn, als besäßen wir in ihm gewissermaßen eine Originalschöpfung Herders, gegen die Thatsache aufzugeben, daß er zum allergrößten Theil nur eine Uebersetzung aus dem Französischen ist.

Anhang.

(Zu S. 10.)

Bei der außerordentlichen Seltenheit des Tesoro escondido des Fr. Meige scheint es mir nicht überflüssig, wenn ich die Anfänge der darin enthaltenen Cid-Romanzen nach den bereits oben dankbar erwähnten Mittheilungen Emile Déserots hier folgen lasse. Mit Ausnahme der letzten Romanze finden sich alle bei Keller und Duran, und ich füge daher den Anfängen Verweisungen auf diese Sammlungen bei; die letzte Romanze gebe ich vollständig.

1) Cuydando Diego Laynez
   Por las menguas de su casa. (Keller No. 2, No. Duran 725.)
2) Consolando al noble viejo
   Está el valiente Rodrigo. (Keller 5, Duran 729.)
3) Pensativo estava el Cid
   Viendose de pocos años. (Keller 3, Duran 727.)
4) No me cuydes si he fecho
   Mi justicia y mi dever. (Keller 1, Duran 724.)
5) Delante el Rey de Leon
   Doña Ximena una tarde. (Keller 11, Duran 735.)
6) Sentado está el señor Rey
   En su silla de respaldo. (Keller 12, Duran 736.)
7) A Ximena y a Rodrigo
   Prendio el Rey palabra y mano. (Keller 15, Duran 739.)
8) Domingo por la mañana
   Quando el claro sol salio. (Keller 17, Duran 741.)

9) En los solares de Burgos
A su Rodrigo aguardando. (Keller 29, Duran 757.)

10) Pidiendo a las diez del dia
Papel a su secretario. (Keller 30, Duran 758.)

11) A su palacio de Burgos
Como buen padrino honrado. (Keller 16, Duran 740.)

12) La noble Ximena Gomez,
Hija del Conde Loçano. (Keller 23, Duran 746.)

13) Espantame, mi Rodrigo,
Que teniendo ya caperiencia. (Keller 24, Duran 747.)

14) En Zamora está Rodrigo,
En Cortes del Rey Fernando. (Keller 26, Duran 753.)

15) Con el cuerpo que agoniza
Despidiendose del alma. (Keller 48, Duran 783.)

16) Por la muerte que le dieron
En Çamora al Rey D. Sancho. (Keller 66, Duran 815.)

17) Fizo bazer al Rey Alfonso
El Cid un solene juro. (Keller 62, Duran 810.)

18) Fincad ende mas sesudo,
Don Rodrigo, con vos fablo. (Keller 65, Duran 813.)

19) Del Rey Alfonso se quexa
Esse buen Cid Castellano. (Keller 71, Duran 821.)

20) De palacio sale el Cid
Sentido de una palabra. (Keller 72, Duran 822.)

21) Don Rodrigo de Bivar
Está con doña Ximena. (Keller 76, Duran 826.)

22) Ya que acabò la vigilia
Aquel noble Cid honrado. (Keller 80, Duran 830.)

23) Esse buen Cid campeador,
Que Dios con salud mantenga. (Keller 77, Duran 827.)

24) Vitorioso buelve el Cid
A san Pedro de Cardeña. (Keller 96, Duran 847.)

25) El Vassallo desleale,
El desterrado, el traydor. (Keller 95, Duran 846.)

26) Estando cumpliendo el Cid
El destierro en que yazia. (Keller 78, Duran 828.)

27) Erguios, no esteys postrado,
Que no es justo, ni razon. (Keller 136, Duran 889.)

28) No con poco sentimiento
Mira a los Condes infames. (Keller 113, Duran 866.)

29) A sida está del estribo
La noble Ximena Gomez. (Keller 117, Duran 870.)

30) Medio dia era por filo,
Las doze dava el relox. (Keller 122, Duran 875.)

31) Digadesme, aleves Condes,
Que fallastes en mis fijas. (Keller 124, Duran 877.)

32) Atended a la mi fabla,
Aleves yernos del Cid. (Keller 112, Duren 865.)

33) En Valencia estava el Cid,
Doliente del mal postrero. (Keller 141, Duran 894.)

34) A la postrimera hora
Muy fatigado en la cama. (Keller 144, Duran 898.)

35) Coronadas de vitorias
Aquellas dichosas sienes. (Keller 143, Duran 897.)

36) Mientras se apresta Ximena
Con algunos de los suyos. (Keller 147, Duran 902.)

37) Tirad, fidalgos, tirad
Al vuestro troton el freno. (Keller 105, Duran 857.)

38) Al arma, al arma sonavan
Los pifanos y atambores. (Keller 21, Duran 745.)

39) Acabado de yantar,
La faz en somo la mano (Keller 100, Duran 851.)

Die 40. und letzte Cid=Romanze des Tesoro findet sich, wie es scheint, nur noch in Juan de la Puentes 'Primera parte del Jardin de amadores' (Zaragoza 1611 und in zweiter Ausgabe 1644). Ich habe dies aus Ferdinand Wolfs Studien S. 360 ersehen, welcher bei Besprechung dieser Romanzensammlung bemerkt, daß sie auch einige 'ihr eigenthümliche' enthalte, wie die 'vom Cid auf dem

Todtenbette: Banderas antiguas tristes'. In neuere Sammlungen
ist die Romanze, wie schon oben bemerkt, nicht übergegangen, über=
setzt aber findet sie sich bei Damas Hinard (II, 215) und bei Saint=
Albin (II, 271), welche beide den Tesoro Meiges benutzt haben.
Ich verdanke der Gefälligkeit E. Délerots eine Abschrift der Ro=
manze aus dem Tesoro, welche mein Freund Adolf Mussafia mit dem
correcteren Text in der auf der Wiener Hofbibliothek vorhandenen
zweiten Ausgabe des Jardin de amadores zu vergleichen die Güte
gehabt hat. Die Romanze lautet:

  Banderas antiguas, tristes,
  Vitorias de un tiempo amadas,
  Tremolando estan al viento,
  Y lloran aunque no hablan.
  Sonavan las roncas bozes   5
  De las destempladas caxas,
  Y los pifanos sobervios
  Calles, y plaças arrancan.
  Estavase el Cid campeador
  Humilde, y manso en la cama,   10
  Y sugeto a la inclemencia
  De la vengativa Parca.
  Hizo traer las reliquias
  De sus vitorias passadas,
  Y mandò que le truxessen   15
  Sus compañeras espadas.
  Y desque fueron traydas
  Levantavase en la cama,
  Tomandolas en sus manos
  Les dixo aquestas palabras.   20
  Colada, y Tizona mia,
  No Colada, mas calada
  Por mil contrarios arneses,
  Y por mil contrarias armas.
  Como os fallareys sin mi?   25
  A quien os dexarè en guarda?
  Que no manche vuestro honor
  Pues que tan facil se mancha.
  Y luego en diziendo aquesto
  Mandò que a Babieca traygan,   30

Que quiere verle primero
Que comience su jornada.
Entrò el cavallo mas manso
Que una corderilla mansa,
Abriendo los anchos ojos 35
Como si sintiera, calla.
Ya me parto, caro amigo,
Quien os govierna, ya falta,
Quisiera pagaros bien,
Pero recebid por paga, 40
Que con los fechos que he fecho
Será immortal vuestra fama:
Y no diziendo mas que esto
La muerte tirò una jara.

Im Jardin de amadores steht B. 5 vozes, 7 soberbios, 9 Estava, 18 Levantose.

Der Anonymus der Bibliothèque des Romans hat seiner Bearbeitung dieser Romanze die vier ersten Verse in Original vorgesetzt, nicht ohne Druckfehler und mit folgender Aenderung von V. 2:
Banderas de mi un tiempo amadas.
Damas Hinard a. a. O. ändert wol mit Recht:
De vitoria un tiempo amadas.

Druck von J. B. Hirschfeld in Leipzig.